SIMPLICE

OU LES

ZIGZAGS D'UN BACHELIER

PAR

ALBERT CASTELNAU

PARIS
ANCIENNE MAISON CASTEL
H. GROLLIER, LIBRAIRE ÉDITEUR
PASSAGE DE L'OPÉRA, 21

1866

SIMPLICE

OU

LES ZIGZAGS D'UN BACHELIER

Imp. L. TOINON et Ce, Saint-Germain.

SIMPLICE

OU LES

ZIGZAGS D'UN BACHELIER

PAR

ALBERT CASTELNAU

PARIS

ANCIENNE MAISON CASTEL

L. GROLLIER, LIBRAIRE ÉDITEUR

PASSAGE DE L'OPÉRA, 21

1866

PRÉFACE

PRÉFACE

Qui n'ouït en soi, au moins une heure, le dialogue de don Quichotte et de Sancho ? — Le chevalier s'affole d'idéal, l'écuyer s'abêtit de réel. Des généralités de la pensée, des générosités du sentiment, aux défaillances de l'esprit et du cœur, tout homme, partant toute époque, flottent. Défiant les moulins à vents, ou s'attardant aux *posadas*, ils approchent plus ou moins de l'un des deux types construits par Cervantes.

Ce temps-ci tourne au Sancho.

Peut-être cet humble récit ne sera pas inutile, rappelant la tendance contraire, à laquelle mon héros est fidèle, en dépit de ses contradictions de pensée et de conduite.

Les quinze ans de sa jeunesse, qu'on a voulu peindre, correspondent à une période importante de ce siècle... « Quinze ans, dit Tacite, large part » d'une existence humaine[1]. » ... Combien plus aux époques critiques, où les rapides expériences, les spectacles imprévus que les faits accumulent,

1. *Quindecim annos, grande mortalis ævi spatium !*

semblent précipiter pour chacun le cours, les leçons du temps !

En ces âges troublés par des courants contraires, c'est par des contrastes accusés d'idée et de sentiment que diffèrent les unes des autres les générations coexistantes, tour à tour ouvrières actives des événements.

Les vivants, — non plus les morts seuls, — vont vite !

Il y a dans ces siècles de brusques arrêts, comme des *barres* dans les fleuves où remonte la mer. Flux d'une génération qui repousse celle qui voguait, toutes voiles dehors, à l'avenir entrevu !

Le quadragénaire de 1690, par ses idées et ses aspirations, pouvait-il trancher sur la génération qui, à cette heure du *grand siècle*, atteignait sa vingtième année?

Le développement des idées et des faits s'était accompli sans secousse d'une génération à l'autre, par le seul concours de la réflexion et de l'œuvre individuelles. Nul courant social qui agisse alors sur la pensée intérieure, qui l'active, mais aussi *la dévie* et l'altère, en préoccupant les masses de ses problèmes devenus des *questions*.

Transformation redoutable, nécessaire pourtant ! En dépit des équivoques et des paniques qu'elle entraîne, en se mêlant à l'Idée, la Passion atteste aujourd'hui que l'Idée modifie l'assiette des intérêts. Triple force du sentiment, de la pensée et de l'action, dont la combinaison constitue l'histoire humaine, individuelle et collective !

Pascal, avec angoisse, scruta l'*x* de la destinée

humaine. Entre la thèse de la Révélation, qui prétend l'expliquer, et la Science incapable de saisir la cause et les fins des êtres, il a posé nettement le problème, se décidant de parti pris pour la foi contre la démonstration, pour l'absolu contre le relatif, pour le cœur qui veut croire contre la raison contrainte au doute.

En économie sociale, en politique [1], l'auteur des *Pensées* préludait aux plus hardies investigations de notre temps.

Certes, ses idées, vivantes dans la génération d'élite qui le continue au dix-septième siècle, sa profonde analyse des sentiments humains, des insti-

1. « Ce chien est à moi, disaient ces pauvres enfants, c'est ma place au soleil. » Voilà le commencement et l'image de l'usurpation sur toute la terre.

tutions sociales, placent, dès son époque, l'esprit en face de problèmes que notre âge n'a guère plus nettement formulés que celui de Pascal. Quand il n'emploie que sa raison à les traiter, ce génie malade et puissant résout ces problèmes comme nous les résolvons.

Les *libertins* de la fin du *grand siècle* se rattachent ainsi à l'investigateur audacieux, qui distingua la science positive de l'hypothèse métaphysique, et, comparant le développement social à la croissance individuelle, montra la force comme le fait prédominant, dont l'homme, *roseau pensant*, dégage avec peine la notion du juste.

En résumé, voilà Pascal, voilà son grand livre, ou plutôt son fragment de livre, plus grand qu'aucun livre ! — L'apologie du Christianisme, qui est jointe à ses aperçus, n'est qu'un violent parti pris de croire et de faire croire qui n'affaiblit en rien la valeur des affirmations ou négations (comme on voudra les appeler), que Pascal éclaire de sa logique aux splendeurs implacables.

Pendant que les sciences positives se fondaient, la confusion s'est faite dans les idées générales. En vain, les encyclopédistes, le grand Diderot surtout, complétèrent, en les rassérénant, les points de vue de Pascal.

Celui qu'on appela le Pascal du dix-huitième siècle, Vauvenargues, sur son lit de douleur, fit voir au monde le sage moderne, doux, patient, *compréhensif*.

Méconnues ou trop oubliées, ces grandes figures reparaissent. Le secret de leur influence, qui grandit, est dans l'accord qu'elles réalisèrent entre l'Enthousiasme et la Raison, mis au service d'un même idéal de recherches indéfinies, mais précises, d'action désintéressée, mais utile.

Sancho a son rôle dans cette œuvre. Son bon sens, un peu court, se complète de toute la passion, de toutes les curiosités héroïques, que don Quichotte ne dépense plus contre des moulins à vent.

Simplice est mûr aujourd'hui, placé par son âge entre la génération qui s'éprit des utopies mystico-sensuelles produites après 1830, et la jeunesse contemporaine. Celle-ci réagit contre ces écarts, non par le scepticisme, mais par la torpeur d'âme et d'esprit.

Qui accuserait le Scepticisme? Ce n'est pas Simplice au moins... Le Scepticisme est le commencenent de la Critique, et celle-ci doit rester le correctif de toute synthèse. Condition trop oubliée par la génération venue avant mon héros, et que celles qui le suivent réaliseront, sans doute, mieux que la sienne, quand elles se passionneront à son exemple pour la Justice, la Raison, l'Idéal.

SIMPLICE

OU

LES ZIGZAGS D'UN BACHELIER

CHANT I

Je veux chanter la naïve jeunesse
D'un cœur ému du trouble de nos jours,
D'un curieux distrait en ses amours,
D'un bel esprit qui rêve et qui paresse.
Vers l'avenir au brumeux horizon,
Avec le siècle, en prophète il s'élance,
Quand l'Utopie agace la Raison

Enguirlandant le Rêve à la Science....
Devant tous dieux on tombe en pâmoison;
Au même autel pour Vénus et la Vierge
Dévotement on brûle un même cierge,
Éclectisant Pathmos avec Paphos.
Au Sinaï l'on marîra le Pinde,
A grand renfort de *pathos* et d'*ithos;*
Et quel que soit le pic où l'on se guinde,
Du faîte on vole au pic le plus lointain,
Développant, pour l'amour du prochain,
Dans l'éther pur la formule éternelle,
Que la Pensée assurément recèle,
Qui dans le Fait se réalisera,
Quand l'Absolu nous illuminera.

De Quintessence en terre d'Utopie,
Volait Simplice, et, comme une toupie,
Jouet des vents adverses, il girait,
A travers cieux poursuivait sa Salente,
Cherchant le roc où tard il fixerait
De l'Avenir sa théorie errante.
Du Blanc, du Noir, il annonçait l'accord,
Du Droit, du Fait à la marche ondoyante,
Il publiait l'hymen, à cris, à cor.
Hier est loin, on l'ignore, ou l'oublie,
Et l'écolier tient le Rêve en dédain
On a le Vice, on n'a plus la Folie.
En quatrième on aspire au *gandin*,
Au sous-préfet, on aura sa Fontange :
On sera duc, ou bien agent de change.

Le siècle encor jetait ses gourmes, quand
Simplice vint étudier le Code,
Un beau matin à Paris débarquant.
Il y trouva plus d'une vieille mode.
Le *bousingot*, abdiquant son berret,
Restait pourtant fidèle à son principe;
Il appelait le Roi tout court Philippe
Et d'Enjolras il gardait le portrait.
C'était le temps du Parlementarisme,
Ce monstre affreux, noir artisan de schisme,
Que Mastaï maudit au nom de Dieu,
Que Limayrac écrase dans ses prônes,
Que Cassagnac signalait en tout lieu
Sapant les mœurs, les autels et les trônes...
Paris avait la tribune et *bissait*
Vautrin *chargeant* le *Règne* en prose claire,

Et le Roman en machine de guerre.
Contre les fils d'Ignace se dressait,
Piloriant Rodin-Croquemitaine;
A Sue alors Prudhomme applaudissait.
De Lamennais l'éloquence hautaine
Jacobinait en langue de Sion;
Contre les rois, dans son *raca* biblique,
Le « hors la loi » de la Convention
Se déchaînait sous la forme mystique...
Puis d'eau bénite, ô Révolution,
On t'aspergeait selon l'us catholique.
On recousait le vieux avec le neuf.
Les dieux anciens échappés au naufrage,
Les dieux nouveaux partout sortant de l'œuf
S'associaient et faisaient bon ménage.
Des *avatars* la mode s'aggravait;

Napoléon était promu Messie
De par Wronski (*). Lacordaire prouvait
Qu'Hildebrand tint pour la démocratie...
Comme à Babel l'équivoque pleuvait.

Voici Simplice en sa petite chambre,
Four en été, glacière en décembre,
Devant la Seine, au quai des Augustins...
Notre héros poursuit là ses destins,
Il t'y fréquente, école buissonnière,
Il y parcourt ton fantasque sentier...
O nos vingt ans! ô mansarde si chère,
Nid sous le ciel, qui pourrait t'oublier!

(*) Voir la note I à la fin du volume.

Comme il est beau pour la jeunesse-fée,
Vu de ce toit, Paris, vague océan
De noirs logis, où, comme d'un géant,
La tête énorme et de l'armet coiffée,
Émerge un dôme hors du gouffre béant
Des toits pressés, du flot humain qui roule!
Comme les mâts d'un navire sombré,
Deux vieilles tours dominent cette houle,
Se profilant sur l'orient zébré.

Aux soirs d'hiver, la nuit est sans étoile,
Comme un linceul la brume étend son voile
Sur la cité, d'où scintillent épars
Mille lueurs au travers des brouillards....
Abîme obscur de joie et de désastres !

Roulement sourd d'un monde soulevé !
Le ciel en deuil semble prêter ses astres
Fixes, errants, et sa foudre au pavé.

Simplice ainsi méditait sur ce monde;
De ces aspects il faisait les honneurs
A ses amis avec des airs rêveurs.

Clarac, natif des bords de la Gironde,
Est un blasé qui connaît son Paris ;
Il a tout vu, tout sondé, tout appris.
Il ne croit pas à la vertu des femmes,
Il ne croit pas aux constitutions,
Écrit parfois dans l'*Écho des salons*,

Il met des gants, il a des éperons
Et, dit Godeau, des principes infâmes.
Godeau, par contre, est l'ennemi des rois;
Mais il se pâme en oyant Lacordaire,
Il lit Buchez, il tient pour Robespierre
Et pour Jésus, morts tous deux sur la croix.
Pour Machinard, il voit dans l'Évangile
L'attraction que Fourier révéla.
Tout est dans tout ; Barême est dans Virgile !..
Ah ! qu'on est fier de ces trouvailles-là !

Quand prairial, chassant l'hiver maussade,
Rit aux moineaux, aux chansons, aux amours,
Meudon, Saint-Cloud du cénacle nomade
Sous leurs grands bois abritent les discours.

Au renouveau qui restaure la terre,
Tout refleurit, après le long hiver....
Margot paraît grande dâme, on espère
Que cette fois finit l'âge de fer.

A Bougival, on mange une friture,
Causant Hégel, progrès et bal Musard;
On tient que Dieu, c'est bien l'Esprit-Nature,
X + X; on immole Ponsard
Devant l'autel de Hugo, dieu de l'Art.
Du grand Danton, l'on rêve la stature :
A la Pologne, à l'Italie on boit,
Et du boyau du dernier prêtre on jure
De tordre enfin le cou du dernier roi.

Puis on montait parfois, Père-Lachaise,
Sur tes sommets. De la ville qui dort,
On regardait la mouvante fournaise
Qui gronde en bas, où l'impassible Mort,
Sans se lasser, moissonneuse invisible,
Fouille sa proie. Au pied du sombre mont,
La tourbe des vivants promène en rond
Le branle ardent, la Macabre terrible.

De ces hauteurs, la mort mène le bal,
Comme Musard guidait, calme, fatal,
A l'Opéra du galop les tempêtes.

Le contraste a du bon. Grec et Latin
Mêlaient un crâne aux coupes du festin.
Ainsi faisait Simplice dans ses fêtes,

A l'Opéra masque transcendantal.
Sous ses grelots, le démon Carnaval
Mêle le verbe rauque au mot obscène.
C'est laid, c'est beau! Dans son harem banal,
Sultan Paris comme un fou se démène.

Plus d'une fois après les nuits de bal,
Plus d'une fois l'Aurore aux doigts de rose,
(J'en suis fâché, — la Vérité s'impose, —
Mais par malheur, ces doigts-là sont d'un gris
Très-sale, un jour de décembre à Paris)
L'Aurore à peine ouvrait, la paresseuse,
Un œil blafard à l'horizon frileux....
Sous l'aigre onglée et la bise neigeuse,
Au boulevard frissonnaient les boueux.

.... Donc, à cette heure étonnée et maussade,
Notre héros et sa bande nomade
Du cabaret sortent en titubant,
Mais noblement portant l'heureuse ivresse :
Un Cupidon, deux ours, une faunesse,
Qui du chicard sous le casque où se dresse
Un long plumet, et qui sous le turban ;
Un général haïtien ; en caban
Masaniello chante la barcarolle.
De pur lyrisme émaillant leur caquet,
Artistes tous jusque dans le hoquet,
Si, comme un chat amoureux, l'un miaule,
L'autre récite à la lune un sonnet.

A contre-temps sérieux ou frivole,
Simplice, lui, dans les éthers planait.
Il consultait en bégayant, mais grave,
Sur son roman : *Le Fossoyeur morave*,
Rhododendron... On la nommait ainsi,
Non qu'elle fût de la Yung-frau native,
Qu'au haut des monts, sur ton alpestre rive,
Elle fût née, ô Rhône... De Poissy
Rhododendron tirait son origine.
Elle avouait trente ans; ex-ballerine,
Dans la *Vestale*, elle dansa jadis
A l'Opéra sous le roi Charles dix.
Au corps diplomatique elle fut chère;
Elle mourra grande dame ou portière.
Ses appas mûrs tournent au monument ;
Sa voix d'absinthe, en se rogomisant,

Du bon temps qu'elle affola son ministre
Gardait encore au fond de son registre
Avant souper quelque roucoulement.
Avec un duc, en parcourant la Suisse,
Elle était tombée en un précipice ;
D'où vint son nom. Elle aimait fort le rac,
La strophe ailée et la sainte nature,
Le Moët, la truffe et la littérature,
Et presque autant qu'un pâté de Nérac,
De Lamartine, elle adorait le *Lac*...
Or, c'était là tout son coin de verdure,
Tout l'idéal dont son cœur se piquait.

Il ne faut pas juger sur cette orgie
Notre héros ; cédant à la magie
Des vains plaisirs, plus haut il s'attaquait.

Sa chambre alors, savante tabagie,
Est un champ clos, où les discuteurs sont
Armés en guerre; à la rescôusse ils vont,
Comme des preux (*). L'un, planant sur le monde,
O Spinosa, dans ta doctrine abonde.
Sur l'Infini-Dieu-Pensant-Étendu
L'autre, posant plus d'un problème ardu,
Se prononçait pour Kant, profond critique.
Mais Machinard se déclare rendu,
Quand ce kantien au seul catégorique,
Comme au miroir de la réalité
Rapportant tout, dans le représenté
De l'Être abîme en nous la certitude,
En excluant d'ailleurs de notre étude
Les faits de cause et de finalité.

(*) Voir la note I à la fin du volume.

Godeau tient pour Leibniz et sa monade.
Puis Machinard, se sentant moins malade,
Du Phalanstère expose les splendeurs ;
Croyant robuste, en dépit des railleurs,
Il n'oubliait la mer de limonade.

Oh ! que de fois, devisant près du feu,
Analysant l'homme, le monde et Dieu,
Penser abstrus, comme un feu d'artifice,
Parabola son sinueux caprice.
Les heures s'envolaient ; puis un repas
S'improvisait : vin blanc et cervelas,
Sciences, art, idéal, gaudriole... !
Un profond et modeste Alsacien,
Choppman *Junior*, polytechnicien,
De Comte révélait la jeune école.

Substituant le Comment au Pourquoi,
De l'Univers il résumait la Loi,
Unique objet de notre connaissance,
Depuis le Nombre abstrait, de l'existence
Base commune où tout être s'asseoit,
Jusqu'à l'Humanité, faîte suprême,
Où se conclut pour nous du Phénomène,
Astre, Matière, et Plante, Bête, Esprit,
Le long parcours par le savoir décrit.

Puis Bernard se levait, — Bernard paysagiste; —
Mais en lui le penseur s'unissait à l'artiste,
Que, par une antiphrase, on disait chevelu.
Il avait quarante ans et le menton pelu
D'un poil gris s'étalant en barbe apostolique.

Son crâne chauve offrait une apparence antique,
Comme d'un Épictète ou d'un Paul au désert.
Il se coiffait du fez, ayant passé la mer
Pour chercher au harem du Turc la femme libre.
Du Nil à l'Amazone il annonce en tout lieu
L'Homme-Femme Messie et le règne de Dieu.
Au souffle de l'Amour l'âme de Bernard vibre.

La poésie, ou pâlit, ou se meurt,
Si par delà ce monde inférieur,
N'est l'Infini peuplé par notre rêve,
L'enchaînement des êtres, qui, sans fin,
Et sans principe, affirme le Divin.
Vers ce sommet qui recule sans trêve

Montons plutôt l'échelle qu'un Hébreu
Vit dans un songe adossée au ciel bleu.

Serait-ce bien dans le Tout, vaste gouffre
Sans conscience et sans diversité,
Que l'âme, qui prie ici-bas et souffre,
Mettra l'espoir d'une immortalité ?
Le Monde est-il l'être unique qu'exprime,
Pour un moment échappée à l'abîme,
La conscience, éphémère produit
De Dieu, qui, s'affirmant en notre esprit,
Dans l'infini module ses pensées
Par des milliards de voix, lyres brisées,
Sitôt que, pauvre ou grand, leur thème est dit ?
— De Spinosa j'admire les visées.

Peut-être bien (dogme plus consolant),
La conscience, atome persistant,
Monade active, éternelle, associe,
Dans le parcours infini de sa vie,
Sa force libre à divers éléments
Qu'elle gouverne et tient en harmonie.
Dans cet accord, où tout est mouvements,
La conscience est la règle suprême
Et le mouvoir total n'est qu'un système
Indéfini, soit la cohésion même
Des dieux, qui dans la plante, l'animal,
L'homme, et, très-bas, dans la pierre harmonisent
Et suivant leurs degrés hiérarchisent
Leurs volontés, leur pouvoir inégal.

Toujours, de là firmaments, empyrées,
Des Dieux plus grands s'offrent à nos pensées.
Lichens jadis, ou mousses, ornements
Des rocs, hier, ces Dieux furent des chênes,
Qui, tour à tour, reptiles, éléphants,
S'affirmeront consciences humaines
Pour s'élever à plus sublimes rangs.

L'Être est partout avec la Conscience.
La Conscience en la Forme apparaît.
La Forme ainsi résume l'existence,
Par le Divin, cause de cet effet,
Qu'on nomme Vie, où les mêmes atomes,
Qui font, groupés diversement, les hommes,

Les animaux, se succédant, tu nommes
Moi, chaque jour, un composé changeant,
Qui n'a plus rien en l'Homme, de l'Enfant
Qu'un sentiment qui les identifie.
La Conscience ainsi, de vie en vie,
Se développe et monte au Lumineux.
Le Tout enfin n'est rien que par les Dieux.

De l'Univers variant la figure,
Brodant par l'art ton grand thème, ô Nature,
La Forme est plus mille fois que le Fond....
Le Fond d'ailleurs, au fond, n'est qu'une forme.
Arrêtons-nous, avant que ne s'endorme
Le bon lecteur, à ce déduit profond.

Toi qui devins Simplice, ô toi, monade,
Quelle étais-tu dans ces âges lointains,
Où t'essayais, par étapes, nomade,
A mériter le haut grade qu'obtins?
Sur ce problème il méditait sans cesse
Tous les écrits des plus doctes penseurs.
Leroux ne lui prouva, qu'en son espèce,
L'homme immortel ne saurait l'être ailleurs,
En s'élevant à des mondes meilleurs.

Il aspirait, en rêveur, aux étoiles;
Avec Reynaud il soulevait les voiles
D'Isis cachée au bout des firmaments;
Il contemplait, de là les nébuleuses,
Des Paradis les régions bienheureuses,
Les beaux pays des grands Dieux souriants.

Un soir d'avril qu'on courait ces espaces,
Qu'on dénichait les anges sur les traces
De Swedenborg, Porphyre, Saint-Martin,
Charles Fourier, Jean Reynaud et Plotin,
Notre héros reçut cette missive,
Au pli musqué, dont la stance plaintive
Gaze son deuil d'un nuage argentin....
De Lamartine un arc-en-ciel déteint... !

A SIMPLICE

A SIMPLICE

Il est sur les coteaux, où Bellevue étale
Vers Paris, blanc fantôme en la brume apparu,
Ses dômes d'arbres verts sur le ciel encor pâle,
Une blanche maison, où naguère eût couru

L'ami des temps heureux sitôt perdus dans l'ombre !
Venez. .. Nous reprendrons les pensers d'autrefois,
La douce causerie et les rêves sans nombre...,
Et nous irons à deux dans la paix des grands bois.

LAURENCE.

CHANT II

CHANT II

« Pour éclairer tout obscur accident,
» Cherchez au fond ou la Femme ou l'Argent, »
Disait un cardinal. On l'interpelle
Sur un maçon qui tomba d'une échelle.
« — Il perdit pied pour se juger cocu,
» Près d'un rival apercevant sa belle,
» Ou bien mirant sur le sol un écu. »

Au cas présent, la *Femme*, c'est Laurence.

Est-elle blonde ou brune? — En conscience

Des deux Beautés elle montre l'accord

Par les deux tons que revêt sa crinière,

Sombre tantôt, ou ruisselante d'or,

Selon qu'y joue ou l'ombre, ou la lumière

Incendiant cet opulent trésor.

Du cou l'attache est forte, plantureuse,

Du sein la courbe indique puissamment

L'ascendant plein d'une croissance heureuse,

De la beauté l'épanouissement.

. . . .

. . . .

. . . .

O Titien, ainsi dans ta matrone

. . . .

Au riche sein, aux crins de feu rayonne,

. . . .

Non l'attrait doux de la virginité

. . . .

Dont Raphaël auréole Marie,
Mais un durable appas de volupté....
La force en elle aux grâces se marie,
Et ces vigueurs d'insolente santé,
Qui pour l'amour sont grosses de promesses,
Dans l'air d'un peu hautaine dignité
Trouvent leur frein et gardent des noblesses.
Se pondérant par un contraste heureux
Deux grands attraits complètent cette Omphale :
Lèvre charnue, au duvet cotonneux,
A l'arc pourpré, regard mystérieux,
Éclair profond des yeux d'un bleu d'opale.

De mon héros précisons congrûment
L'état civil. De par l'émargement

On naît et meurt en France exactement.
En tout récit le narrateur se pique
D'être, aujourd'hui, clair, réel, authentique.
Dans un roman, l'on n'est pas étonné,
Lisant que l'amoureux fut vacciné.

Donc Mitouras (Jacques-Louis-Simplice)
De Mitouras (Dieudonné-Mathurin),
Ancien notaire et de Rosine-Alice
De la Planture, en l'an mil huit cent vingt
Et le dix-sept novembre au monde vint,
A Montauban : baron de la Planture
(Astolphe-Hector) et Riflac (Benedict),
Oncles tous deux du Simplice susdit,
Témoins, desquels appert la signature....

Comment pourtraire au lecteur scrupuleux
De mon héros les contours onduleux?

En nous Platon voyait plus d'une bête,
Et dans chaque homme une âme qui reflète
En cette faune un type principal :
Renard ou loup, porc, vautour ou cheval.
Mais rarement cette passion-reine
S'imposera ; son pouvoir disputé
Change notre être en un cirque, une arène.
C'est là qu'on voit le Tigre-Cruauté
Mordant au sang la Panthère lascive,
Une âme humaine aller à la dérive.

Maigre, petit, sans prestance et chétif
Simplice fut surtout spéculatif.

Des trois côtés de l'âme : — Caractère,
Cœur, Esprit, ou, — Mouvoir, — Chaleur, — Lumière,
Il a surtout le côté lumineux.
Par le prurit, l'effluve maladive.
Il est des plus assez voluptueux,
Et ses amours dans l'imaginative
Ont un appui fixe ou capricieux ;
Mais il n'a pas la vigueur qui s'impose,
De Don Juan le fluide positif...
Je ne sais trop comment dire la chose,
Pour accuser ses instincts dans le vif !...
Son rôle appelle une métamorphose
De sexe faible en sexe entreprenant.
Fait pour subir une reine jalouse.
Des viragos il doit être l'amant ;
Car il n'épouse pas, mais on l'épouse.

La Bête qui prévaut dans ce pensif,
Audacieux moins souvent que craintif,
C'est le moineau doux, fantasque et lascif,
Qui gîte au sein de Lesbie, et picore...
Très-apte ainsi dans la sensation
A picorer la méditation,
Il calmera l'ardeur qui le dévore
En épluchant du bec sa passion.

Simplice fut toujours systématique,
En ses amours creusant une esthétique.
René, Faublas en son âme unissant,
De *Chérubin* à *Des Grieux* passant,
Ce fut d'abord sa cousine Angélique
Qu'il adora dans un nimbe pudique.
C'est qu'elle était charmante et faite au tour.

Nulle beauté, des rives de l'Adour
Aux bords du Lot et de Tarn-et-Garonne,
N'avait sa grâce et sa taille mignonne,
Sa lèvre rose au suave contour,
Chaste pourtant, mais faite pour l'amour...
Non cet amour et prodigue et folâtre,
Apre, orageux, implacable, énervant,
Tragiquement fidèle ou très-changeant,
Où le plaisir brûle, tison dans l'âtre,
Mais ce feu qui, discret, s'épanouit,
Chaste flambeau dans un globe d'albâtre.
Égal toujours, jamais il n'éblouit.

Puis il rêva le tendre apprentissage
Du damoiseau qu'une beauté peu sage
« Aux doux esbats » dressait au moyen âge.

A dix-huit ans, ta sensuelle ardeur,
Simplice, avec le pur amour pactise.

La flamme dont notre âme se baptise
Et dont on garde une étincelle au cœur
Tient du premier roman qui nous maîtrise
A dix-huit ans... Il reste le meilleur!

Son roman fut Lélia-Pulchérie;
Double idéal que Simplice marie,
Toujours plus bas que l'amour, ou plus haut...
Il combinait sans trêve en son amante
La Philosophe et la Belle Galante,
Une Hypatie, une Manon Lescaut.

Avait-il tort? L'Esprit vainqueur se dresse
Dans la douleur sur notre humanité,
Par l'Idéal cherché rompant la laisse
Qui nous relie à l'animalité.
Dans l'Univers qui saigne, immense plaie,
Des appétits mutuelle curée,
Que d'amour pur le boudhiste altéré
Dans le néant cherche un port assuré,
Que le stoïque oppose à la Nature
L'âpre Devoir, qui tout jauge et mesure!...
Pan, le Grand Dieu, toutefois n'est pas mort,
O terre, et sous ses baisers tu tressailles ;
En vain Caton déchire ses entrailles,
Et sur la croix, Jésus mourant se tord...
Indifférents au sage qui milite,
Le ciel, la fleur, l'arbre, l'astre, le flot

D'où s'élança, frissonnante, Aphrodite,
L'aigle amoureux, le galant loriot
Sur ton perchoir te narguent, ô Stylite !

Ceps et taillis, platanes et gazon,
Vertes splendeurs que l'automne mordore,
Éclat furtif qui rougit et qui dore
Le front des bois et cerne l'horizon,
Nuages blancs qui voguez en escadre,
Ou, comme un escalier prodigieux,
Vous escarpez dans l'abîme des cieux :
Blondes vapeurs dont le lointain s'encadre ;
Vol de l'alouette au ras des bruns sillons,
Vents qui pleurez, nids jaseurs et grillons,
Aspects et voix de la Terre Nourrice,
Éloquemment vous parliez à Simplice.

Notre héros, frais éclos bachelier,

Aux champs revit Laurence Ribeaudier,

Qui, chez son oncle, Hector de la Planture,

Était alors en villégiature.

Elle venait d'épouser un banquier,

Un député, que la Haute-Garonne

Au parlement envoyait cet automne,

Astre d'un jour, qu'un prochain avenir

Doit voir tomber du Zénith au Nadir.

La mère de Simplice avait pour frère

Le baron, qui d'Angélique était père.

Dans son manoir hobereau confiné,

Gardant aux lys un hommage obstiné,

Ancien chouan, malgré sa foi d'hermine,
Il éleva, maria l'héroïne
De ce récit, fille unique orpheline
D'un sien cadet, soldat sous l'empereur,
Qui, commandant d'une place en Charente,
Était mort veuf après mil huit cent trente.

Or, du pays durant trois ans absente,
Elle apparut dans le rayonnement
D'une beauté qu'encadrait la richesse.
Qui pouvait mieux que cette enchanteresse
De son cousin incarner le roman?
Galoper, amazone, ou, chasseresse,
Tenir l'affût, toucher l'orgue à la messe,
Broder, rimer, lire Horace en latin,

Homère en grec, peindre, lier des gerbes,
Faire jouer le soir de ses proverbes,
Y jouer, ou chez le fermier Martin
Causer maïs, engraissement de l'oie, —
De ces attraits Simplice était la proie.
Ils dissertaient sur l'Avenir et l'Art,
Platon, Hegel, Kant, Drouineau, Mozart,
Çakya-Mouni, Ballanche, Watt, Jacquart.
Du Tendre et du Grave mêlant les cartes,
Ils commentaient Ovide avec Descartes.

Pour le moral et l'imaginatif
Laurence était dans sa phase critique,
Touchant de l'aile au monde poétique,
Avant de s'abaisser au positif.

Simplice à point retombait dans ses proses ;
Il reprenait ses soupirs et ses gloses
De philosophe et de parfait amant....
Laurence était femme d'arrangement.

Ayant aux champs logis, hôtel en ville,
D'adorateurs une bande docile,
Chef renommé, laquais, chevaux de choix,
Aux Opéras sa loge, galerie
Où l'Art moderne au vieil Art se marie,
Albert Durer coudoyant Delacroix,
Près du boudoir une oasis sous verre
Où l'ananas mûrit, dans la volière
Le cacatoës, le colibri pimpant,
Sur un palmier un sapajou grimpant,

Laurence, alors, un peu Muse et très-dame,
Distribuait la gloire en son salon ;
S'émancipant, elle demeurait femme
Et n'arbora jamais le pantalon.

Pour Ribeaudier, de fabrique papale,
Il est baron de la Gula-Reale.

CHANT III

CHANT III

« Le Fait, rouage où notre effort s'engrène,
» De l'Idéal déforme le contour;
» Mais la Pensée est un libre domaine.
» Vis donc pour elle, et, d'un robuste amour,
» Féconde-la dans une œuvre sereine... »

Telle prêchait Laurence, promenant
Simplice dans son parc à Bellevue;

Elle s'aimait ainsi, le patronnant
Sur le chemin de la gloire entrevue...

Simplice fut pathétique, entraînant...
Car Mai folâtre entr'ouvrait les calices;
Ils aspiraient du printemps les délices,
Ils s'enivraient aux suaves moiteurs,
Qui, s'élevant avec d'âcres senteurs,
Semblent le souffle amoureux de la Terre...
Mais la nuit vient, le parc est solitaire...

Chantez Simplice et Laurence à deux voix
Au clair de lune un nocturne... Les bois
Silencieux reflètent dans la Seine

Leur silhouette allongée et sereine....
Laurence était très-forte en mise en scène.

Puis on dîna de très-bon appétit.
A table étaient un poëte lyrique;
Un astronome, un peintre, un érudit,
Qui, passé maître en style hiéroglyphique,
D'un saint matou jadis près de Memnon
A découvert la momie et le nom.
Un jésuite, ex-dragon, peu mystique,
Gras de propos, martyrise le *cant*
De la moitié d'un chanoine anglican.
Cinq diamants brillent à la cravate
De Truffaldi, ténor napolitain;
Mais, parmi les convives du festin,
On admirait Krapousko le dalmate.

D'aucuns pourtant le tiennent pour Croate,
Russe, Kalmouk, on ne sait... du Mougik
Il a le front, et le nez qui s'épate ;
L'œil est oblique, et la bouche a le tic
D'un sourire indécis, parfois sauvage,
Mais dont le miel à l'ordinaire engage.
Il sait faire à propos la bouche en cœur.
Son regard est *canin*, souvent cynique.
Ayant au fond l'âme d'un domestique
Sous les dehors d'un fier à bras vainqueur,
On le croyait espion politique.
Il disait qu'il servit sous Pasckewicz ;
Il savait être au besoin poétique
Et récitait des vers de Mickiewicz.
Il se piquait peu de philosophie,
Portant en médaillon la Panagie.

Son noble père, orthodoxe boyard,
De Valachie allait être hospodar,
Quand son bien fut séquestré par la Porte.
Ses sœurs sont au harem, sa mère est morte
Des Autrichiens captive à Temesvar.
Il supputait que leurs vastes domaines,
Près de Galatz, aux régions roumaines :
Toisons, maïs, prés, vignobles et blés,
En sequins fondoukhlis évalués,
(Valant l'un, sur les légales estimes,
Juste neuf francs et quatre-vingts centimes)
Atteignaient par approximation
Un revenu d'un demi-million.

On ne savait exactement son âge.
Il se donnait trente-trois ans au plus ;

Mais ses papiers avaient été perdus
Dans l'Archipel, quand il y fit naufrage.

Chez Ribeaudier, son bon temps se passait.
Il le servit, et dans plus d'une affaire :
A Krapousko, monsieur s'intéressait ;
Les petits chiens de madame il dressait
A marcher sur leurs pattes de derrière.

Mime parfait, il saisissait le son,
L'extérieur et la couleur des choses ;
Il les rendait fantasques ou moroses,
Souvent sans les comprendre, de façon
A reproduire exacte leur figure.

A la volée, il singe une leçon
Du professeur d'algèbre Lefébure.

Or, ce soir-là, ce bouffon précieux
Sur tous respects fit le saut périlleux.
Sans sourciller, il ose contrefaire,
Gesticulant comme dans une chaire,
Deguerry, Cœur, Ravignan, Lacordaire...
Le mot redonde, et sonne vague, creux !

Il traversa le collége de France.
Michelet cause, inspiré, vif ; Quinet,
Comme un tribun, dans sa chaire tonnait.
Puis il peignit les rois de la science :

Blainville, Sturm, Arago, rappela,
Comme ténor et chimiste, Orfila,
Un pauvre chien que ce maître intoxique,
Des praticiens l'enseignement clinique,
Ricord, gouailleur, dieu du syphilitique.

Pour le tribun délaissant le docteur,
Il contrefit chaque grand orateur,
De Berryer, la noble redondance,
Le geste fier et la belle prestance,
De Guizot net, sententieux, puissant,
Le ton parfois rogue, sec et cassant :
Thiers près de lui, sautille, en fausset jappe,
Mais par l'esprit, la verve il se rattrape.
Dufaure est clair, nu. Styliste orateur,

Patrocinant en attique rhéteur,

Favre, promis aux parlements, burine.

Maître Dupin rudoyant bouffonnait,

Ledru-Rollin tonnait, et Lamartine

Comme un Orphée à sa phrase enchaînait

Jusqu'aux huissiers de la chambre idolâtre.

Il aborda les types du théâtre,

Arnal, Bouffé, Maxime, Mars, Dorval

Et Frédérik, qu'on peut dire le maître,

Monrose, Odry ; Debureau, sans rival,

A son *rictus* se faisait reconnaître.

Comme une déité de l'âge ancien,

Tu t'avançais, Rachel, — âme vibrante, —

Fébrile, saccadée, âpre, stridente,

Sobre pourtant de geste, de maintien,
Harmonieuse en ton rhythme païen.
Il contrefit ta verve sémillante,
Manon-Lisette et gamin Déjazet,
Et, comme toi, d'une voix chevrotante,
Il chantonna le refrain d'un couplet,
Où sous le rire une larme perlait.

Il pénétra dans les salons célèbres.
Chez Récamier, prenant des airs funèbres,
Chateaubriand cause de son tombeau.

Hugo-le-Grand, maître de l'art nouveau,
Du romantisme arbora le drapeau,
Qui sous ses plis abritait une armée :

Dumas-l'Entrain, le concis Mérimée,
Balzac, muni de son scapel brutal,
Musset, voluptueux mélancolique...
En partisan escarmouche Stendhal,
Et Sainte-Beuve en fin gourmet critique,
Quand George Sand s'exalte à l'idéal.
De don Gautier flotte ici le panache ;
Toute une bande à sa suite s'attache,
Les *abracadabrants* ; ces hidalgos
Portent rapière et parlent des argots.

On voit passer, maîtres de la peinture,
Ingre, Descamps, Delaroche, Couture,
Scheffer, Vernet et le grand Delacroix ;
Et les sculpteurs : David marche à leur tête

Avec Pradier, qui fit Vénus lorette,
Et Rude, qui tailla, géante-athlète,
La *Marseillaise* épouvantant les rois.

Puis ce régal fut clos par la musique.
Duprez lança le hardi : *Suivez-moi* ;
Tamburini mit la salle en émoi
Au *tremolo* de sa basse tragique.
De Rossini le sourire moqueur
Semble narguer le labeur ascétique
De Meyerbeer, du son puissant vainqueur.

La douce vie ! A vingt ans quelle aurore !
Qu'on s'amusait en ce doux paradis !
A cet été, Simplice rêve encore...

Laurence recevait tous les jeudis.
La belle était fort imaginative;
Elle mêlait les savants aux bouffons,
Elle adorait les petits chiens griffons,
La poésie et les autres chiffons,
Le *far-niente* et l'existence active,
La politique et le rêve éthéré,
Et le castel et le coin retiré
D'où l'on regarde à deux dans les étoiles....
On s'y découvre, en sondant l'inconnu,
Quelque avenir plus ou moins saugrenu
Dont la pensée aime à lever les voiles.

Plus que jamais repris par son roman,
Simplice aimait consciencieusement.

Il ne voyait ou ne voulait comprendre
De ce retour la furtive douceur,
L'illusion qu'on prend pour le bonheur,
Quand, remontant le beau fleuve du Tendre,
Qu'on descendit jadis, on croit entendre
Mêmes échos qui charmèrent d'abord...
On croit mirer, souriant, sur le bord
La même fleur qu'on cueillit, ou qui passe,
Qu'on voit flétrie aux champs où notre trace
Incline encor des gazons trop connus
(O souvenirs, soyez les bienvenus !).
Ces lieux sacrés par l'Amour, cette rive,
Où s'accôta notre nef en dérive,
Ont des regains que l'on retrouve là...

Laurence avait su comprendre cela.
Dans ce retour de passion furtive,
Elle voyait un divertissement ;
Mais son esprit imperturbablement
Y calculait, comme en un feu de joie,
Le temps que met un bois sec qui flamboie
A se réduire en cendre entièrement.

Aimer Simplice était pour sa nature
Comme un cours d'art et de littérature
Qu'elle suivait avec distraction,
Un aliment d'imagination.
Elle posait en lui sa fantaisie ;
Elle l'induisait, muse, en poésie.

Elle eût voulu qu'en son nid abrité,
Aux chauds rayons de sa maternité
Il brisât l'œuf, aiglon d'une Aspasie.

Ce rêve-là, par les romans du jour
Mis à la mode, en ce moment eut pour
Effet ZAPEK ou PALINGÉNÉSIE.

CHANT IV

CHANT IV

ZAPECK

.... *Organi del mondo cosi vanno,*
Come tu vedi omai, di grado in grado,
Che di su prendono, e di sotto fanno.
Dant. (Div. Com., Parad., c. II, st. 41).

Tu vas, selon des normes éternelles, te mouvoir à travers mille et mille formes. Jusqu'à l'homme tu as du temps.
Goëthe, Faust (*trad. H. Blaze, 2e partie, acte* II).

La musicien Franz, philosophe, allemand,
Dans sa mansarde, à Bonn, une nuit de décembre,
Bourra quatorze fois alternativement
Sa pipe à long fourneau, son chibouque à bout d'ambre.

Par la vitre, à travers le givre congelé,
Dans cette froide nuit belle comme une tombe
De marbre, il regardait le ciel pur, constellé,
Dont le rayonnement pâle en la neige tombe,

Comme sur un cadavre au linceul étendu,
Livide, la lueur du cierge funéraire,
Et l'Inconnu muet, dans son rêve perdu,
Le Ciel semblait veiller, morte, sa sœur la Terre.

Car la Terre est cadavre alors, enfouissant
Aux abîmes secrets sa Genèse éternelle.
La larve ici, le grain là, tous deux vont tissant
Votre trame infinie, ô Nature immortelle.

Franz, donc, fumait pensif ses pipes dans son nid ;
Puis il fit quelques pas à travers le dédale
De cette aire encombrée, où s'élève en spirale
Et la fumée épaisse, et le rêve infini.

La fumée aide au rêve. Un portrait ascétique
Semble, se détachant de son cadre, flotter
Comme un spectre dans l'air, et l'on voit miroiter
A travers le brouillard son regard fantastique.

Sur le cristal portant les armes d'un baron,
Les hanaps de Bohême étalent des histoires,
Et l'on voit les dièzes blancs sur touches noires
'un clavecin, où Bach, enfant, joua, dit-on.

C'est un cric de Malais près d'un vieux cimeterre
Sarrasin qu'ébrécha le fer du templier,
Un heaume de margrave, et, contre un bouclier,
D'un chef canadien le calumet de guerre.

Un magot cul-de-jatte, un buste de Romain,
L'alambic qu'un souffleur employait au grand œuvre ;
Puis une coupe ayant pour anse une couleuvre,
Que Cellini sculpta pour un César germain.

I

Un squelette en pourpoint tient une hallebarde ;
Sur son crâne poli, compagnon curieux,
Un singe s'établit, il se gratte, il regarde,
Et se balance avec un calme sérieux.

Sur la table, à côté de la choppe écumante,
Entre l'épais bouquin d'un vieux docteur en *us*
Et des partitions : *Don Giovanne*, *Euryanthe*, —
Franz saisit tout à coup son *Stradivarius !*

Et par la mélodie alors son rêve éclate ;
Avec le maître il va dans l'Inconnu, cherchant...
Virtuose il jouait la fameuse sonate,
Où Beethoven a mis son âme dans un chant.

C'était la *Pathétique*, où toute corde vibre
Du sentiment. D'abord un prélude rêveur,
Complexe, où l'on dirait que résonne la fibre
De la nature immense en sa vague douleur ;

Souffrances de l'instinct, qui s'ignore ou s'ébauche !
C'est le flot qui mugit sa plainte, ou dans les bois
Le long frémissement qui signale l'approche
Des tonnerres roulant leur formidable voix.

Puis le thème, bientôt, dépouillé, s'accentue,
Se précise en accords qui frappent mieux au cœur...
Le *Crescendo* montant prend une voix émue,
Et l'on entend un cri d'angoisse et de terreur...

L'humanité s'affirme en sa plainte éloquente ;
C'est Roméo pleurant Juliette, Rachel,
Niobé gémissant sur leur race expirante,
C'est vous, c'est moi, qu'importe ! O poëte immortel,

Ton art est souverain ; car le son, ton empire,
Est l'anonyme écho de l'Être, qui, sans nom,
Chante dans toute joie, en toute âme soupire,
Vibrant à tes accords, comme le Dieu Memnon.

Sous l'artiste inspiré, la plainte caverneuse
S'échappait du bois mort, qui, pleurant, revivait ;
La corde a des hélas ! et l'effluve nerveuse
Jaillit des doigts de Franz électrisant l'archet.

Comme à la voix des flots un chant d'oiseau se mêle,
Comme aux grands bœufs plaintifs l'alouette répond,
Aux notes de ses sœurs graves la chanterelle
Entrelace son cri strident, aigu, profond.

L'onde sonore ainsi portait l'humain fluide ;
A travers la matière inerte il pénétrait,
L'animant d'une voix, en son vol plus rapide
Qu'un souffle aérien. Invisible on dirait

Que la source de vie aux nerfs de Franz puisée,
Prolongée en canaux aux nerfs de l'instrument,
Coule jusqu'à ce bois. Sous l'Esprit maîtrisée,
La matière répond par un frémissement.

Et la substance morte émergeait à la Vie....
Morte !... Qui le croira?... Dis-moi, Pygmalion,
Si, devant qu'il parût chair, déjà l'inertie
N'était pas dans ton marbre une aspiration

A ce qui s'appelant un jour la Conscience,
S'épanouit dans l'être après le lent essor
Des Formes se passant à travers l'existence
Le flambeau que Platon vit dans son rêve d'or.

Car le vivant, par l'onde et la pierre, ou la fange,
S'élevant à la Plante, à la Brute aux cent noms,
Se couronne de l'Ame au bout de la phalange
Qui gravit de Jacob les vagues échelons.

Mais ce souffle premier dans l'Infini recule....
Qui saurait le saisir dans sa source, à sa fin;
Dans l'Homme où rien ne peut arrêter sans scrupule
L'ascension de l'Être en quête du Divin, —

Dans l'Atome, où l'Attrait commande, obscur prélude
Du Vouloir, de l'Amour, du Savoir qui font choix ?
L'Hypothèse se greffe ici sûr notre étude,
Qu'arrête à l'Inconnu la Science aux abois.

II

Or, pendant qu'ils chantaient, tous deux, l'Archet et l'Homme,
Le singe, lui, pleurait.... Il s'appelait Zapek ;
Il aimait la musique, il se trémoussait comme
Un dilettante oyant l'orchestre d'Habeneck.

Il marquait la mesure avec sa tête ronde.
Sa face, ébauche informe, où le mufle prétend
Au visage, esquissait dans la grimace immonde
Un rire d'amateur attentif et content.

Il était effroyable avec sa longue queue,
Qui, se dressant, laissait de dos apercevoir
L'arrière-train pelé de couleur rose et bleue,
Si bien qu'on ne savait tout d'abord, à le voir,

Si ce n'était pas là, présent de la Nature,
Une seconde face, au lieu d'être un anus,
Si, doué par hasard d'une double figure,
Ce satyre manqué n'était pas un Janus.

Il grimaçait l'extase, il bondissait au spasme
De l'électrique son qui lui mordait les nerfs;
Son thorax soulevé semblait en proie à l'asthme,
Et ses petits yeux gris dardaient de vifs éclairs.

Tout à coup il roidit ses deux bras, qui sont pattes;
Il se pencha, crispé par un fiévreux élan;
Sa bajoue avait pris des teintes écarlates;
Deux larmes y perlaient, de ses yeux ruisselant.

Sa douleur agaçait par des laideurs atroces,
Et sa mélomanie eut des contorsions
Capables d'inspirer un monstre aux femmes grosses
Qui l'auraient vu pâmer dans ses convulsions.

Et la corde attaquée en quintes magistrales
Pleurait aussi.... La note en cri se détachait....
Qui n'eût senti vibrer à l'écho de ses râles,
Toute fibre en son cœur sous chaque coup d'archet, —

Son cœur emmaladi jusques à la torture,
Aimant pourtant ce mal, âcre des voluptés
D'une ivresse qui tue aussitôt qu'elle dure
Et plus qu'une souffrance ayant des âpretés?

III

Donc Zapck pleure ainsi, convulsif! O prodige!
Inespéré Thabor, où, se transfigurant,
La brute s'éclairait par un croissant prestige
D'un rayon tout humain qui l'allait épurant!

Telles on voit, l'été, le soir des grands orages,
Et sur l'horizon lourd, d'irisantes clartés
Du ciel convalescent tamisant les nuages,
Faire à l'azur pâli des reflets enchantés.

L'humanité pointait dans la bête camuse;
Le geste, qui, mimant, dépassait nos laideurs,
S'harmoniait, prêtant à cette face obtuse
Un aspect, un maintien d'êtres supérieurs.

Dans ce repos pensif, qui montre, diaphane,
Qu'un esprit conscient a jailli, se fondait
Le fébrile prurit, signe du quadrumane,
Qui le fait grimacer, si mobile et si laid.

Un vivant percevait l'ineffable mystère
Qui s'affirme au plus bas de notre humanité,
Obscur, mais s'élevant toujours vers la lumière....
Une âme se dressait sur l'animalité.

Où montes-tu, Zapek, et quelle est ta visée ?
Où ce *sursum corda*, que l'artiste jamais
Ne rendit mieux, va-t-il élever ta pensée ? —
Un chaos se débrouille, et sous ce crâne épais

Où la sensation, monde confus, s'agite,
Un esprit se recueille et se connaît soudain,
Comme un noyé sombrant, que l'onde précipite,
Surgit vainqueur du flot, de sa vie incertain,

Mais sent sourdre en son cœur par degrés l'existence.
Semblable apparaissait dans l'animal promu,
Par-dessus les instincts vagues, la Conscience
Lui révélant son être au progrès toujours mû.

Alors il revoyait, Roméo, sa Juliette,
Sa guenon qu'il chérit, ravie à son amant,
Aux degrés parcourus d'une voie, on s'apprête
Au terme inférieur chaque terme ascendant.

De leur vie infinie il voyait la spirale,
Et dans un astre d'or, lui tendant ses beaux bras,
Sa guenon, maintenant déesse. A lui s'étale
Le ténébreux parcours que gravirent leurs pas,

De l'heure où leurs amours étaient de la Chimie,
Où, quand le monde en feu lentement fraîchissait,
Gaz à gaz s'unissant pour traverser la vie,
Par la Combinaison leur Hymen commençait.

IV

Et Zapek contemplait la changeante durée
De son être que dans l'essor du Devenir,
Attire à ses hauteurs, comme dans l'empyrée,
La Vie, où tout présent est gros d'un avenir.

Des âges de la Terre il repassait les phases
Enveloppant tout germe en leurs enfantements:
A ces cycles lointains porté par ses extases,
Il reflétait en lui les développements

De l'Univers vivant, dont il suivait l'histoire,
Ouvrier conscient de cet œuvre éternel,
Où l'Atome construit, laborieux, la gloire
De l'Esprit qui, sans trêve, aspire à l'Immortel.

Sur la terre embrasée, où pleuvent des abîmes
Les acides brûlants, où ces âcres vapeurs
Se fondent en torrents, tempérant sur les cimes
Aux oxydes amis leurs malignes ardeurs,

La flamme qui s'éteint se recueille aux cratères
Des volcans, héritiers de ces embrasements;
Dans le sein attiédi des lourdes atmosphères
L'Existence s'ébauche en végétaux-géants,

En monstres animaux. Puis Zapek, dans sa course,
De la Fougère monte au Singe par degré;
Sa compagne le suit, lis, perle, serpent, ourse,
Mais guenon l'abandonne, et son être épuré

Le précède en ce point de leur essor sans trêve
A l'étape, où bientôt ils seront reunis....
Zapek sur l'aile d'or de la Muse s'élève
Vers les sphères sans nombre et les bleus infinis.

V

Aux accords qu'à longs flots verse la symphonie
Un ramage amoureux, écho des bois, répond;
En son cœur il entend la voix de sa guenon,
Quand elle était un chant pur dans la nuit ravie.

Ils disaient, rossignols, leur flamme à la Forêt....
Mais la basse, en bémol, jetant sa plainte amère,
Lui semble le cri sourd d'angoisse que, panthère,
Par les jongles cherchant sa belle, il murmurait,

Puis, aux pampas, ouvrant, cavale bondissante,
Sa narine aux vents doux, qui portent les senteurs
Du printemps amoureux, elle enlevait les cœurs
Des étalons rivaux, cohorte hennissante

Menant une Iliade autour de son poils gris;
Et Zapek entendait dans la corde sonore
L'écho des grands combats, où sa dent herbivore
Sanglante s'enfonçait dans les poitrails meurtris.

Vous chantiez, voix sans fin de l'immense Nature,
Symphonie, où l'autour fait sa partie avec
L'alcyon, où solfie avec son petit bec
Le bengali jetant sa trille en la ramure!

Le boa constrictor, dans ce grand festival,
Siffle sur le motif sa note variée;
L'œuvre est savante, et dans son tout étudiée,
Du cri-cri des grillons aux abois du chacal.

*
* *

Immobile, Zapek s'aperçoit qui médite
Devant les sphinxs de marbre, aux jours d'Aménophis,
Chat sacré, sur l'autel d'un temple, dans Memphis...
Un peuple de dévots vers lui se précipite.

Grave, il miaule au bout des pylônes massifs...
Il meurt, et sa momie en un saint hypogée,
A Speos-d'Artémis avec ordre est rangée,
Au son des harpes d'or et des hymnes votifs...

Les pontifes chantaient : Gloire au chat que protége
Pascht ! Son regard profond recélait des éclairs !
Son souffle vers les dieux a volé dans les airs.
L'archet évocateur par un sublime arpége

Transporta tout à coup le singe haletant
A Rome, au Colysée. Éléphant de Libye,
Il figure au milieu d'un cortége qui crie :
Ave... morituri, Cæsar, te salutant.

Et les gladiateurs défilent dans leur pompe :
Le rétiaire avec sa mitre aux longs réseaux,
Le mirmillon armé du casque et de la faux...
Lui, Zapek, saluait Commode de la trompe :

La Musique arrachait un peuple à ses tombeaux ;
L'Histoire se dressait, palpitante, les races
Des hommes s'avançaient, grandissant sur vos traces,
Pionniers de l'Esprit, ô Plantes, Animaux !

*
* *

Ainsi, Verbe de l'âme, ô Déesse Harmonie,
Tu portes les échos de l'immortalité,
Soit qu'ouvrant l'Inconnu devant l'œil enchanté,
Par un pressentiment tu révèles la vie

Au delà de la Tombe, au delà du Berceau ;
Soit qu'aux êtres d'un jour, passagères formules

Du Grand Tout infini, sublime, tu modules
Les hymnes éternels qui descendent d'en haut.

Charmant les grands lions, peuplant les solitudes,
Orphée à tes accords enchaînait l'univers,
Et sa Muse unissait dans les mêmes concerts
A la voix des forêts le cri des multitudes.

Partout, dans la Nature et dans l'Humanité,
Le Verbe inspirateur, ou parle, ou balbutie,
Et de membres vivants l'Univers s'édifie.
Telle Amphion bâtit sa mythique cité...

Les pierres se mouvaient à son chant, en assises
S'étageaient, élevant les remparts et les tours ;

Car la lyre sereine évoquait en ces jours
L'âme obscure dormant dans les forces soumises.

Dans un *raout*, un beau soir de juillet,
Mon héros lut ce poëme, où brillait,
Alliée au Savoir, la Poésie.
Ce genre neuf était la fusion
De la Raison et de la Fantaisie,
Le Vrai qu'ornait l'Imagination (*) !

Laurence fut de ce morceau complice ;
Mais (ce qui fut surtout original !)

(*) Voir les notes II et III à la fin du volume.

Elle fit fête à l'œuvre de Simplice
D'un bal paré, tout comme en carnaval.

Mille feux vifs, variés dans leur teinte,
Diapraient la pelouse et festonnaient
Les verts bosquets, la terrasse, l'enceinte;
Et les violons, invisibles, menaient
La valse ailée et les graves quadrilles.

Des groupes se perdaient dans les charmilles;
Et s'éclairant de fantasques clartés,
La Mascarade étalait ses gaîtés:
Berger vêtu de soie et bergerette,
Lubin, Marton, Pierrot avec Pierrette,
Les Lycoris dans leur vertugadin.

Et l'on voyait passer dans le jardin,
A la lueur d'azur qui féerise,
Don Scaramouche et la belle marquise,

Le Capitan menant sa Cydalise,
Crispin-Simplice; en dame de Venise,
Laurence étale en son port engageant
Le velours bleu sous le brocart d'argent;
Ce qui va bien aux blondes. On répète
Que mon héros s'est révélé poëte.

Laurence à grand effort s'étourdissait.
Se démenant, coquette littéraire,
Elle n'avait l'ambition vulgaire,
Et dans son rêve en secret caressait

Un avenir de tendresse suivie.
Dans son vrai sens elle lisait la vie,
Et sa raison, répandant la clarté,
Appréciait bien sa ténacité
D'orgueil mesquin et frivole. Laurence
Gardait un juge en son intelligence,
Impassible et serein comme la Loi,
Un idéal s'imposant à sa foi,
Qui, révélant l'Amour par la Science,
Lui démontrait son cœur même en puissance
Dans cet élan caché vers le bonheur...
Cette lionne attendait son dompteur.

Mais elle avait de l'Art en sa lumière,
De la Raison dans sa splendeur austère

Le culte pur, qui, sculptant l'infini,
Tire du bloc fruste de la Nature,
De la Beauté la sublime figure,
L'Esprit qui pense à l'Amour réuni.

Il n'est rien tel que la littérature,
Il n'est rien tel que l'affection sûre
D'un *patito* plein de timide ardeur,
Bien éduqué, poétique et rêveur,
Pour tisonner l'espérance qui dure
De cet amour qui bientôt s'offrira,
Soleil prochain qui tout incendira.

Simplice vit son imminent naufrage ;

Car on bâillait à son marivaudage ;
On ne trouvait pas toujours assez blanc
Son linge, et l'on traitait de bavardage
Sur le progrès social son beau plan.

Il ciselait, artiste, la torture
D'un cœur qui doute, et par instinct endure,
Par choix bientôt, son indécision,
En rien n'aimant une conclusion.
Sa passion, toujours fort singulière,
De plus en plus dérive au littéraire.
Dans l'Élégie, et, surtout, le Sonnet,
Avec fureur, en Pétrarque il donnait.

Il n'était pas de ceux qui content leur torture
Au cœur indifférent qu'on obsède, ou qui rit;
Il n'était pas de ceux, quand saigne la blessure,
Qui peuvent arracher le trait qui les meurtrit...

Non... Comme le dévot, égrénant sa souffrance,
Il avive la plaie ouverte dans son sein,
Et le mal d'espérer contre toute espérance,
En adorant le coup d'une trop chère main.

Sous la croix de l'Amour pèlerin solitaire,
Chaque jour il reprend son chemin du Calvaire,
Épuisant les douleurs de chaque station.

Cœurs percés, cœurs saignants, adorez vos supplices,
O lèvres, égouttez l'absinthe des calices...!
Savourez les tourments de votre Passion.

Simplice alors semait sa poésie
Dans un recueil de haute fantaisie :
Le Carillon, qui sur tout dit son mot,
Et résonna trois mois comme un grelot.

Car ce temps-là vit le début modeste
Du Follicule aujourd'hui triomphant,
Cher à l'Habit et goûté par la Veste,
Que lit portier, sapeur, bonne d'enfant,
Courtier, pompier, *gandin*, dame, lorette,
Salon, café, gare, atelier, guinguette.
Pesth sait par lui l'âge vrai de Frisette,
Stamboul aussi n'ignore Calino,
Et l'on apprend dans un autre hémisphère
Que grande *Chose* est un buveur de bière,

Qu'X est plus fort que Z au domino.
Ainsi Paris instruit toujours la terre.

Simplice, donc, rimait énormément.
Il distillait sa double quintessence
De philosophe et de parfait amant.
En spéculant sur l'Être et sur Laurence,
Il s'affermit à tout événement,
Et, variant son thème de souffrance,
Il se plongea dans la description
De ses douleurs, comme plonge en la Seine,
Un soupirant qu'afflige une inhumaine,

Notre héros, malgré sa passion,
Théoricien, n'était pas de l'espèce
Des blonds Werthers se tuant par tendresse.

CHANT V

CHANT V

Je chanterai Marianne la Belle,

La Liberté, Déesse aux fiers appas,

La pique en main, le feu dans la prunelle :

Des fers brisés tombent devant ses pas.

Elle est du Peuple, et sent l'ail et la poudre ;

Elle est des Dieux, elle abat les tyrans

D'un coup plus sûr que les coups de leur foudre

Sous les éclats de ses carreaux brûlants.

Elle guidait vers la Bastille, épique,
Du grand faubourg les ouvriers aux bras nus ;
Elle poussait à Jemmape, à Fleurus,
« Les paysans, fils de la République. »

O Février, ton ère reste unique,
Par la pensée et l'essor conquérant....
Ton peuple fut, ô Paris, noble et grand.
Jetant le gant à l'antique misère,
Et se ruant vers la paix, la lumière,
Conviant à l'amour l'Humanité,
Maître absolu de la cité conquise,
Comme un monarque appelé Majesté
Par la Boutique, encensé par l'Église...
Et les banquiers vantaient sa probité,

Quand il gardait la ville sans chemise,
Sans pain souvent, contemplant exalté
Les horizons de sa Terre-Promise.
Forum géant, la Grève moutonnait,
Comme une mer en ses houles profondes.
Tel qu'un Sina qui tonne sur les mondes,
L'Hôtel-de-Ville en la nuit rayonnait.
Dans cinq cents clubs la Babel des systèmes
Vaticinait le soir aux peuples blêmes
Le jour nouveau qui se levait pour eux ;
Et les tribuns, les apôtres brumeux
S'illuminaient d'auréoles étranges.
De vifs éclairs traversaient ces mélanges,
Ces visions, ces Pathmos du progrès,
Montrant soudain d'inattendus accès,
Par l'Utopie, aux cités plus heureuses

Que poursuivaient les masses anxieuses...
Rêve confus, aux mystiques élans,
Mais qui portait un monde dans ses flancs,
Comme aux grands jours, où, narguant la sagesse,
Paul annonça sa folie à la Grèce !

Horizons d'or perçus dans le brouillard, —
Tout ce Paris, héroïque et braillard :
Remous du peuple, où s'ouvrent des abîmes,
Chars promenant dans la nuit les victimes,
Au fauve éclat des torches, aux abois
Des lourds tocsins qui détrônent les rois,
Paris armé debout aux barricades,
Puis, sur les quais, civiques promenades
Se déroulant à l'ombre des drapeaux,

Babel des clubs pérorant sans repos...
De l'amoureux troublent les rêveries,
Et le penseur s'exalte aux théories...
Simplice entra vainqueur aux Tuileries.

Attraction, Attrait, Éros,
Qui palpites en toute fibre,
Souffle éternel en qui tout vibre,
Et la colombe et le héros;

Ame incarnée et corps qu'exalte
Vers ses sommets, l'Esprit qui sort
De la matière en son essor,
A l'Idéal course sans halte;

Ascension dans l'Infini,
Substance échappée aux abîmes,
Pensée émergeant sur les cimes,
Conscience qui réunit ;

Affinité, prurit, délire
Menant par l'Idéalité
Du beau qui fuit à la Beauté
Dont Platon ravit le sourire ;

Accord des mondes dans l'Ether,
Hymen germant du sein des choses,
Sous les baisers flammes écloses,
Rêve brûlant qu'on voit flotter ;

Pour les Phrynés âcre caprice,
En Don Juan songe incarné
Du plaisir, qui court acharné
De Juliette à Béatrice;

De Thérèse, ivre de Jésus,
Passion, extase hystérique
Et mordant comme la tunique
Que Déjanire eut de Nessus...

Au fond des cœurs, que cicatrise
Le temps, parfois ton dard laissé,
De la blessure du passé,
Lancine l'ardeur par surprise,

Démon-Dieu. Simplice, étouffant
Tes feux sous la philosophie
Ou la paresse, en vain défie,
O maître, ton arc triomphant !...

Du charabias en quintessence
J'arrête ici l'élancement ;
Le trop guindé n'est qu'endormant....
Mon héros n'oubliait Laurence...

Cependant son bonheur, hélas !
Des rois vaincus subit la chute :
Février sonna leur culbute
Ensemble par le même glas.

Mariette fut très-hautaine,
Quand il voulut dans le boudoir
Être introduit, un certain soir...
Sa maîtresse avait la migraine.

A son âme fut révélé
Ce qu'il s'efforçait de se taire,
Que l'amour est le grand mystère,
Et que *la donna è mobile*...

Il joint (le civisme rencogne
En son cœur son émotion)
Une manifestation
Que l'on faisait pour la Pologne...

Trois ans ainsi passèrent... Pour servir,
Comme on disait, le Progrès, l'Avenir,
Il abdiqua toute attache profane,
Sacrifiant Laurence à Marianne.
Paris le vit, et, bientôt, Montauban,
Des droits nouveaux à tous sonner le ban,
Et, secouant sa rêveuse paresse,
Il fut apôtre au club et dans la presse.
Dans l'Utopie à tout souffle il errait,
De l'avenir talonnant la formule.
Il détrôna par un travail d'Hercule
Le Capital, abolit par décret
Tout intérêt : la rente, le fermage;
Puis il supprimait net le mariage.

Autres romans qui complétaient son stage,
Quand Comte, enfin, éclairant sa raison,
Rectifia l'utopique horizon
De sa pensée. Exacte et progressive,
Il acclama l'école positive !

Elle disait : Que si l'on doit avec chaleur
S'atteler au Progrès, au Peuple Travailleur,
Dévouer tout l'effort que sa cause réclame,
Il faut qu'à la raison s'épure notre flamme.

*
* *

Acceptant comme loi, dans sa dualité,
L'économique jeu de la société, —

D'une part, le Travail du bras, de la pensée,
Et de l'autre, l'apport, la réserve amassée
Du Capital, dont la conquête est l'excitant
De l'esprit d'entreprise, il faut, en combattant,
Porter tout notre effort en cet antagonisme,
Sans échouer sur les écueils du Communisme,
A mettre en équilibre avec le Capital
Le Travail asservi, puisqu'il se défend mal.

Dans cette arène, où trône, ainsi qu'en la Nature,
La Force, il ne faut pas que l'ouvrier endure
De rester isolé. Membres d'un corps puissant,
Dressez-vous Légions, vos efforts s'unissant.
Levez-vous, débattez avec l'autre puissance,
Votre part aux produits communs. A la Science

D'intervenir alors pour formuler les Lois
Que dégagent les Faits, pour résoudre à sa voix,
À des transactions que l'équité demande
La Force qui produit, la Force qui commande. (*)

Simplice vit tomber avec stupeur,
Au contre-coup d'une immense panique,
Son rêve aimé, sa chère République.

Au noble, au clerc rattaché par la peur,
Le tiers état, voltairien trembleur,
Qui redoutait une déconfiture,
Demandait à Jésus sa signature

(*) Voir la note IV à la fin du volume.

En caution pour la société,
Et, repentant de son impiété,
Vantait le trône à l'autel arc-bouté,
Cet ordre ancien, qu'en des jours de délire,
Quatre-vingt-neuf n'avait craint de détruire.
Il témoignait de son *meâ culpâ*,
En patronnant le grand coup que frappa
L'Église devenue audacieuse,
L'invasion de sa horde pieuse :
Moines noirs, blancs, gris... L'abbé Galuchoux
(Symphorien) convertit Lespinoux,
Tabellion, et rival érotique
De Parny, dans un poëme sceptique,
Que vanta *la Minerve*, quand Touquet
Pour les bourgeois éditait Arouet.

Le coffre-fort, tremblant, dans sa détresse,
Reniait tous les dieux de sa jeunesse,
Et dans les bras de la Force, éperdu,
Il se jetait... Martyr du droit civique,
Simplice fut embarqué pour l'Afrique.

Sur le pont du vaisseau, qui l'emporte, étendu,
Il chantait, envoyant son âme à la patrie,
L'hymne qui fit surgir de la France envahie
Nos grandes légions :
« Aux armes, citoyens; formez vos bataillons ! »

Sous le bleu sarrau des campagnes,
Sous la bure et sous le haillon,
Les rudes enfants des montagnes,
Ceux de la plaine au gras sillon,

Ceux de la ville et du village,
Saluant le foyer désert,
Par-dessus l'Océan amer,
Regardaient la fuyante plage...

On étouffe dans les pontons :
Le vent fraîchit, la houle est forte;
La mer pleure, et la brise emporte
Le grand refrain des nations :

« Aux armes, citoyens; formez vos bataillons! »

Terre! terre! Alger, blanc, s'étale
Sous le ciel bleu, comme un sultan,
Dans l'indolence orientale,
Devant sa baie, et sur le flanc
Des coteaux, que cerne, géant,
Le Jurjura neigeux, sous sa gaze d'opale.

Les proscrits sous ce ciel gagnent une prison,
Douéra, dans les plaines nues,

Que décime la fièvre, et Birkadem où sont
Des sources, des makis qu'habitent les tortues.

Du camp couronnant ces hauteurs,
Simplice, captif, considère
Les hauts gazons aux mille fleurs,
Où monte svelte la fougère;
Du soleil la chaude lumière
Émeraude les prés de ses fauves ardeurs.

Un mendiant aveugle implore son aumône,
Stoïque, au nom d'Abd-el-Kader —
Djellali, marabout vénéré, qu'en personne
Allah nourrit jadis de cailloux au désert.

Sur la croupe de sa bourrique,
Un Mozabite en gandoura,
Dans sa chasuble hiératique,
Semblait un prêtre de Mithra.
Un cheval soudain se cabra
Pour la fantasia sous l'éperon qui pique.

Au burnous vert, on voit que son maître est issu
De Mohammed, le saint prophète;
De son chapeau de paille ombrageant le tissu,
Un noir plumet d'autruche ondule sur sa tête.

De Boghar il vit
La blonde ravine,
Où la moisson rit.
D'un roc il domine
L'horizon pourpré ;
Sur la plaine immense,
Pèse un lourd silence;
Du lointain barré
Le Simoun s'avance.

Les nuages plombés s'abaissent... Le Désert
Par l'ouragan darde sa flamme ;
Tout se couche à ce vent, l'homme au gîte couvert,
L'oiseau, les grands lions en leur antre; dans l'air
La Mort semble souffler ses torpeurs à toute âme.

La brise affraîchit
L'épi qui s'incline,
L'oiseau dans son nid ;
A pleine poitrine,
L'air pur respiré
Nous rend l'existence..
Allons voir la danse,
Le corps admiré
Que Fathma balance

A Boghari brillait cette almée au teint bis.
Là, plus d'une Laïs rustique
Au Nomade vendait le plaisir à bas prix...
Pour un demi-douro l'on peut voir ces houris
Mimer dans le fondouck une danse lubrique.

Il vit la mer au flot d'azur,
Où l'Égypte et la molle Asie,
La blonde Grèce et l'Italie
Se contemplent sous le ciel pur ;
Terre homérique, qui rayonne
De l'éclat dont l'Art saint couronne
La Vénus chaste et la Madone,
Sculptant le verbe qui résonne,
Attendrissant le marbre dur !

*
* *

Sous Bomba râlait la Sicile,
Que des flots de sang inondaient.
Double cratère sur une île,
L'Etna, la révolte grondaient.

*
* *

Sauvage aussi l'Espagne brille ;
Son ciel d'Afrique a des ferveurs ;
A Valence il brûle les cœurs
Et le sol. Simplice à Séville
Vit la Giralda, près du lieu
Où l'on offrait chair cuite à Dieu ;
De Grenade à Madrid son feu
Poétique s'émut un peu,
Rimant Castille avec mantille.

Il s'embarqua pour l'Angleterre à Gibraltar.
Le pied dans la mer glauque,
Les monts galliciens bordent comme un rempart
L'Océan au cri rauque.

Puis la brume épaissie annonce un ciel plus froid ;
Le grand cap d'Armorique
S'avance comme un bras, des matelots l'effroi,
Sur la lame atlantique.

Autour des grands rescifs le flot brame ses deuils,
Le ciel étend son crêpe...
La voile, frissonnant aux brises des écueils,
Semble une aile de guêpe.

Angleterre, salut ! Comme un vaisseau porté
Sur l'Océan, ton île
Aux naufragés du droit et de la liberté
Ouvre, fière, un asile.

CHANT VI

CHANT VI

Notre héros s'établit à Bruxelle...

Il aima cette Flandre, en ses lourdeurs

Gardant de l'art une empreinte immortelle : —

Les cabarets aux plantureux buveurs,

Les fins clochers ciselés en dentelle,

Venise-Bruge, — Eyck, tes naïvetés, —

Doux Hemmelinck (perles !), tes saintetés, —

Puissant Rubens, tes charnelles beautés, —

Le Carillon, — et, Ténier, tes kermesses,
Le broc en main, étalant leurs ivresses.

Simplice, au Parc, un jour, se promenant,
Croisa soudain, au tournant d'une allée,
Une dame en grand deuil, faible et voilée,
Au bras d'une suivante se traînant...
On devinait dans son port l'opulence
D'une beauté que flétrit la souffrance.
Comme un fantôme en son âme dressé,
A cet aspect, l'image de Laurence
Se réveillait, doux songe du passé...
Elle, jetant un cri, tombait pâmée
Entre les bras de Simplice empressé.
Puis, par ses soins lentement ranimée,

Elle rouvrit les yeux... L'écho lointain
Des temps heureux résonnait argentin,
Dans ses soupirs, apportant les musiques
Du souvenir, chères, mélancoliques,
Au cœur constant du benin Mitouras...
Elle reçut ses soins sans embarras.

•

Simplice fut un frère pour Laurence.
Emaciés, creusés par la souffrance,
De la malade, aux regards enfiévrés,
Les traits réduits semblent transfigurés.
En ces maigreurs spectrales la pupille
Se dilatant, plus ardente scintille.
A ce foyer ses charmes exaltés,
Y sublimaient en rayons leurs beautés.

Depuis six ans durait sa maladie
Quand il parla d'aller en Italie,
En quête du soleil réparateur,
Elle sentit comme un dard dans le cœur.
Un spasme convulsa ses traits livides,
Marquant aux coins de sa bouche deux rides.

Elle pliait sous ces étranges maux,
Où l'âme en deuil, marquant aux nerfs sa trace,
Par des assauts imprévus embarrasse
Les médecins du corps et leurs grands mots.

On devinait dans cette âme stoïque
Quelque douleur, cause du mal physique.

Simplice en vain pour elle consultait...
De Cabanis parfois il méditait,
Sur ce sujet, l'œuvre philosophique.
En Italie il parlait d'hiverner;
Mais au départ il ne put l'entraîner,
Même du mal il activa la crise,
En proposant de conduire à Venise
Laurence, d'art, du Lido babillant...

Comme un flambeau qui s'éteint, vacillant,
Brûle sa cire en panaches de flamme,
Ainsi se dévorait cette pauvre âme.

Enfin le corps, alangui par le mal,
Ne laissa plus de prise à la souffrance.

L'esprit vivait, mais le bel animal,
Où s'épanchait le flot de l'existence,
Sous ces assauts brisé, s'étiolait.
Les membres racornis semblaient de pierre,
Et la main belle encore s'effilait ;
Les doigts maigris tamisaient la lumière...

Le froid sévit précoce : les corbeaux,
Sur les toits délaissés par l'hirondelle,
Volent, hérauts de la saison cruelle ;
Déjà le givre aux branches étincelle...
Laurence sent pénétrer dans ses os
Les souffles durs qui congèlent les eaux,
Et tomber sur ses yeux les voiles sombres
De la Mort qui la couche dans ses ombres...

Et l'Esprit, — comme il arrive souvent,

Que, cygne, il donne à ces heures son chant, —

En elle s'apaisait. A Bellevue,

Elle n'était plus charmante apparue,

A son ami clément, elle sourit...

Enfin Laurence à cette heure comprit

Qu'elle devait son secret à Simplice.

Ne l'ayant point aimé, de son caprice

Doublé toujours d'une maternité,

Le souvenir, doux charme encor goûté,

Épanchait son cœur. D'un ami fidèle

Elle comptait, mourante, sur le zèle.

Elle lui fit jurer qu'il remplirait

La mission qu'elle lui dicterait

Par un écrit scellé, que Mariette
Lui remettrait enclos dans la cassette
Qu'il connaissait... Enfin, près de son lit
Le priant de s'asseoir, elle lui dit :

« Je ne crois pas à la Mort, ami, frère...
» Oui, quel que soit le sort plein de mystère
» Que subira notre être disparu, —
» Soit que mon *moi* dans ce monde apparu,
» Ne doive plus dans une autre existence
» Se retrouver avec sa conscience,
» Germe perdu dans l'Être, alimentant
» La vie au sein de Dieu, seul persistant, —
» Soit qu'il s'affirme en ses essors sans trêve, —
» Je revivrai... tout au moins par mon rêve,

» Éclos en toi, par ce que j'ai donné
» De grâces; de vertus, abandonné
» De vices, de misère, étant exemple...
» Nous sommes tous une pierre du Temple.

» Simplice, écoute-moi... Je te sais grand
» Par ton esprit que j'aime, cher enfant,
» Et qui subit, dédaignant le vulgaire,
» Le vrai dans son décret, même sévère.

» Je fus heureuse un jour, — je l'avoûrai...
» Réalisant un rêve inespéré,
» Je rencontrai, dans un moment sentie,
» L'Éternité que cherche notre vie.

» On vit sur un beau jour, ou l'on en meurt,
» Quand on ne peut supporter le malheur
» De l'avoir vu s'éclipser dès son aube ;
» Mais entre tous, c'est un penser improbe,
» Qu'un repentir qu'on n'éprouverait pas,
» Loin des terreurs navrantes du trépas...
» La passion, qui dans l'âme nous reste,
» Par une voix plus sincère proteste... »

Et son regard étincelait fiévreux !...
Elle contait à Simplice sa vie,
Depuis le jour où ce pâle amoureux
Porta loin d'elle et son rêve et ses feux
Et sa pensée à Laurence asservie.

Dans les emprunts de l'Autriche engagé,
Quand Ribeaudier quitta Paris pour Vienne,
La belle avait quelques mois voyagé
Dans la splendeur d une patricienne.
Au lac Majeur elle eut vers ce temps-là
Pour résidence une blanche villa.

Ce lieu charmant recueillit des épaves,
Calme oasis, épargné par les laves
Coulant à flots de Paris jusqu'à Pesth,
A Naple, à Vienne, à Rome, à Bucharest.
La vague en feu qu'épandaient ces cratères,
Roulait parmi les gothiques débris,
Au souffle des tempêtes populaires,
Princes tremblants, ministres ahuris...

« Ces naufragés, par l'orage surpris,
» Continuait Laurence, aristocrates,
» Ducs, généraux, conseillers, diplomates,
» Dans mon salon guignaient les démocrates.
» Ils ruminèrent là plus d'un *factum*,
» D'un *conclusum* et d'un *memorandum !*
» Rien qu'à voir ma villa d'altesses pleine,
» On aurait cru que du congrès de Vienne
» Les beaux jours revenaient, où Talleyrand
» Taillait un whist au César allemand,
» Où Castlereagh valsait... Même un margrave,
» De Chopp-Shutzmarck-Linden, galant et bra
» Quinquagénaire assez haut en couleur,
» Feld-maréchal, m'offrit un jour son cœur
» Et sa main gauche, avec les cinq mille âmes
» De ses sujets : hommes, enfants et femmes.

» Je retrônais, lorsque l'Amour vainqueur
» D'un coup soudain me foudroya le cœur.

» D'un Polonais et d'une Italienne,
» Proscrits tous deux, et d'une race ancienne,
» Mon Ludovic à Genève naquit.
» Son père était Sigismond Kamenski,
» Lithuanien. Aux mines du Caucase
» Sous Nicolas déporté par ukase,
» Il s'évada ; dans Praga, colonel,
» Il fut tué. Mais du chef maternel
» En Véronais ayant un fief antique,
» Mon Ludovic, d'après l'us italique,
» Au noble nom des Kamenski souda
» Le nom d'Uddi, des marquis de Munda.

» Au Spielberg le marquis, son grand-père,
» Passa dix ans ; il connut la misère
» De l'exilé, que, stoïque, il cachait ;
» Il enseigna, pour un franc le cachet,
» Aux Parisiens la langue d'Italie.
» Sa fille avait l'âme de Cornélie :
» Aux grands devoirs, au civique labeur
» De son enfant elle trempa le cœur.

» Je le vis, je l'aimai ce héros, cet apôtre...
» Dans sa pensée, et loin du monde qui se vautre,
» Il vivait, attendant les combats rédempteurs,
» Avec quelques amis et quelques bons auteurs:
» Plutarque, compagnon des chevets héroïques,

» Kant, posant, au delà de tous les buts mystiques,
» Sur le Bien, idéal qu'on poursuit, le Devoir.

» Il a trente ans, six pieds... L'éclat de son œil noir
» Est doux, profond ; mais le courage s'y reflète ;
» Sa tête de penseur sur le corps d'un athlète,
» Convenait au soldat qui frappe, mais comprend.
» Ses longs cheveux tombaient en boucles, effleurant
» De son cou svelte et blanc l'attache gracieuse.
» A son bras vigoureux, fine, longue et nerveuse,
» S'adaptait une main habile à manier
Le sabre. Son haut torse avait du cavalier,
Fils des nonces légiférant sur leur monture,
Le souple mouvement et la désinvolture.
Mais dans ses traits, malgré le blond éclat du teint,

» Sous le Slave apparaît le beau type latin.
» S'harmoniant ainsi, sa beauté forte et fine
» Révélait le secret d'une double origine.

» Je le connus un soir qu'en petit comité,
» Par un *privat-docent* il me fut présenté.
» Ce Berlinois, d'Hégel fidèle à la synthèse,
» Choquait incessamment la thèse à l'antithèse ;
» Puis il recherchait, par la même occasion,
» Ta formule nouvelle, ô Révolution,
» Le Fini, l'Infini, — résolvant tout problème...
» Brave cœur de Teuton, têtu comme un système,
» Inébranlable au feu, tout comme à l'argument,
» Et qui tomba dans Pesth sous un plomb allemand.
» Rübner était pour Ludovic un vrai Pylade.

Que te dirai-je, ami ! Mon existence fade
S'illumina soudain à cet élan vainqueur.
» D'adorer en tremblant je connus le bonheur...
» Enfin, — je l'avoûrai, — de ma longue énergie
» J'abdiquai le fardeau qui pesait sur ma vie ;
» Je me retrouvai femme, au bras de l'homme fort
» Qui s'imposait à moi dans un naïf transport.

» Pardonne au sentiment que j'étale sincère
» De provoquer en toi quelque pensée amère.

» J'oubliai tout, perdue en cet élan,
» Que Ribaudier déposait son bilan,
» Que son crédit, que frappa la panique,

» Sombrait alors... Il m'apprenait d'un mot,
» Qu'allant chercher fortune en Amérique,
» Il me laissait la moitié de ma dot.

» J'accompagnai Ludovic en Hongrie...
» Un peuple entier, levé pour la patrie,
» Des bataillons de Jellachich, surpris
» Près de Pakozd, dissipait les débris.
» J'étais restée à Komorn. J'entrepris
» De joindre au camp Ludovic ; de Laurence
» Il gourmanda, puis aima la vaillance.

» Je le suivais en hussard chevauchant.
» Il commandait le plus beau régiment

» Qui, de la Theiss aux rives de la Save,
» Eût fourragé, chargeant parfois en brave.
» Criant : *Eljen!* sur leurs petits chevaux,
» Sous le dolman d'azur qu'ils étaient beaux !

» Rübner servait, simple honved, stoïque,
» Portant d'Hegel, en son sac, l'*Esthétique*,
» Lisant de Kant, au bivouac, la *Critique*.

» On résistait partout, — au nord à Schlick,
» A l'ouest, à Windischgraetz, à Jellachich.
» Tout Hongrois est debout, et les armées
» Sortent du sol par Kossuth animées.
» Comment nommer, — à défaut des soldats, —

» Ces généraux grandis par cent combats, —
» Ceux que Haynau tua par félonie,
» S'étant rendus sous promesse de vie :
» Sauve, Tœrœk, Lanher et Damjanich,
» Nagy-Sandor, Poltenberg et Knérich,
» Aulich, Wecsey?... Espoir de la patrie,
» Georgey depuis... On voyait là Perczel,
» Kiss et Klapka, — puis Dessenfly, Schweidel
» Et des combats où brilla ton épée,
» O Petœfi, tu chantais l'épopée...

» Mais la Victoire a deserté le Droit ;
» La trahison sème partout l'effroi,
» De maint héros sonnant les funérailles.
» Je vis de près les dernières batailles...

» J'entends encor de ma tente ces cris :
» A nous, hussards ! Le colonel est pris... —
» Et nous courons à cheval par la plaine,
» Pour soutenir l'escadron qu'on ramène...
» Nous délivrons Kamenski. L'on se bat
» Dix contre cent, par groupes : le combat
» Se poursuit là, sous les voiles funèbres
» D'une nuit sans lune. Dans ces ténèbres,
» On n'est pas sûr des coups, et que son fer
» D'un compagnon n'entame pas la chair.

. . . .

» De la Hongrie, à ses tyrans soumise,
» J'accompagnai Ludovic à Venise.

» Des nations maintenant l'étendard,
» Manin défend ce dernier boulevard...
» Jour glorieux ! Triste et suprême épreuve !
» Entre les flots d'un sang pur qui t'abreuve,
» Mon Ludovic, ô Venise, mêla
» Son noble sang, hélas !... Mon âme est là !...

» Mon Ludovic repose au cimetière
» De Saint-Michel, en l'îlot funéraire
» Où l'on dort bien, sans doute, au souffle amer
» Des vents pleureurs qui viennent de la mer... »

Elle se tut... Sa flamme concentrée,
Pour un moment, l'avait transfigurée.

Sa lèvre colorée en ce transport,
Se ravivait au baiser de la Mort...
Elle faisait peigner par Mariette
Sa toison d'or comme pour une fête...

Puis elle s'affaiblit, plus ne parla,
Jusqu'à la fin Simplice consola,
Pressant sa main, devant la Mort, glacée,
Dominant son vouloir et sa pensée.

Et son ami dans un coffret reçut
Un testament en ces termes conçu:

A SIMPLICE

(Ceci est mon testament.)

A SIMPLICE

—

« A l'excellent baron Hector de Laplanture,
» Pour les soins paternels que de sa nièce il prit,
» De cent vingt mille francs, par le présent écrit,
» La rente à cinq pour cent, en son vivant, j'assure.

» De vingt et quatre mille francs en capital,
» Au même taux que ci-dessus, à Mariette
» Je lègue l'intérêt, mes hardes de toilette,
» Plus mille francs : dix mille sont pour l'hôpital

» De la ville de Montauban et pour l'hospice
» De Castel-Sarrazin ; je charge du paiement
» De la moitié qui leur revient également,
» Et de tous autres legs, mon cher cousin Simplice.

» Quarante mille francs seront par lui placés
» En rentes sur l'État : je consacre aux sciences
» Ce fonds, qui, pour servir à des expériences,
» Doit s'accroître en dix ans des intérêts laissés.

» Je recommande fort qu'à l'épreuve on s'assure
» Si l'homme et la guenon, ou la femme et l'Orang-
» Outang furent bâtis par la Mère Nature
» Capables de produire ensemble quelque enfant (*).

» Le capital de cent vingt mille, dont la rente
» Est léguée à mon oncle, à son décès ira
» Grossir du revenu que libre il laissera,
» Au progrès du savoir la valeur afférente.

» Le fond de Mariette, à sa mort, doit avoir
» Emploi pareil. A mon exécuteur testamentaire,
» D'en régler le détail, et son zèle sincère
» Pour le vrai m'est garant qu'il fera son devoir.

(*) Voir la note V à la fin du volume.

» Enfin, ayant brûlé mon corps, Simplice, jure
» D'en déposer la cendre auprès de Kamenski...
» En souvenir de moi, reçoit mon portrait qui,
» Par madame Mirbel, fut peint en miniature. »

Dans un enclos loué près de Laëcken,
Autorisé par monsieur de Bruckère,
Il accomplit sa tâche funéraire.
On la brûla dans le rite païen.

Il s'apprêtait à partir pour Venise,
Ayant Laurence au fond de sa valise.
Mais il se dit, — puis, — qu'il compromettait
Ce précieux dépôt, s'il le portait

Secrètement à l'îlot San-Michele...
D'un sbire autrichien craignant le zèle,
Il conserva dans un vase bien clos
Ces restes chers ne pesant deux kilos.

Les jours d'exil qu'il subit d'un cœur ferme,
Triste pourtant, atteignirent leur terme.
Simplice alors au pays retourna,
S'y maria, mais point n'abandonna
Son urne, et, pour contenter sa Laurence,
Il est auprès de l'Autriche en instance.

ÉPILOGUE

ÉPILOGUE

—

Ce long zigzag sérieux et profane
Finit ici, lecteur, comme *Peau-d'Ane.*
Il fut heureux, et, — sans doute, — il aura
Beaucoup d'enfants, qu'au mieux élèvera.

Si j'ai traité de façon très-légère,
En apparence, un problème anxieux,
Allez au fond, et vous saisirez mieux
Le cœur saignant, même la foi, derrière
Mon rire amer, mon doute curieux
Sur l'Utopie escaladant les cieux,
Sur le Pathos des rêveurs en orgie.

Aristophane a peint dans ses *Oiseaux*
Nos constructeurs. Néphélococcygie (*)
Dresse en l'azur, — illusion, magie! —
Aux chants joyeux des geais, des passereaux,
Murailles, tours, maisons, colonnes veuves
De fondements, raillant bien les épreuves

(*) Voir la note VI à la fin du volume.

De nos Platons, abstracteurs sociaux...
Mais la paix soit aux âmes obstinées
A modeler sur leurs saintes données
L'âpre contour de la Fatalité !

Simplice donc revint, enfant prodigue,
Peu par raison, prou par nécessité,
A ses Romans mettant enfin la digue.

FIN

NOTES

NOTE I

(Voir Chant I, pages 6 et 16.)

Le Messianisme est une des mille constructions équivoques tentées par notre siècle sur la double base de la métaphysique et de la théologie.

Mêlant l'algèbre à l'extase le polonais Wronski (Hoënoé), proclama Napoléon Ier un des Messies de l'Humanité : Sainte-Hélène est pour lui un Calvaire.

Parti d'une conception purement rationnelle, le saint-simonisme dégénéra pareillement en ce mysticisme hybride qui fausse toute saine appréciation des lois de la nature et de l'histoire.

Comme jadis Alexandrie, Paris édifiait alors sur la

métaphysique panthéiste de prétendues restaurations d'un culte ruiné.

De Maistre avait jeté sur le moyen âge un regard profond. Ses travaux, dont la vraie science profite, éclairent la philosophie historique, entrevue au dix-huitième siècle, et que notre temps aura sans doute la gloire de fonder.

L'auteur du *Pape* fut moins un croyant qu'un paladin du dogme catholico-féodal, dont il contribua plus que personne à faire apprécier la valeur dans le passé. Son œuvre rendit cet éminent service.

Saint-Simon en profita. Il devina que le mysticisme et la théologie ont été les organes d'un développement progressif du genre humain.

En somme, cette idée est en germe dans les écrits de Turgot, Herder, Lessing, Condorcet et Kant : un homme d'esprit (qui n'est guère que cela) l'a traduite avec bonheur. « —Tirer l'homme de l'état sauvage était admirable : enfer » ou paradis, ange ou diable, n'importe !... Les prêtres

» sont les fondateurs des nations... Dieu ne préside, dans
» l'ordre moral, que par la puissance intermédiaire des
» religions[1]. »

Cette formule est nette et sans péril. Par malheur, la notion qu'elle exprime fut par les uns mal comprise, par les autres exclusivement détournée à l'appui d'une chimérique reconstitution du passé. — A l'instar des panthéistes qui tentèrent cet effort, les catholiques eux-mêmes, depuis de Bonald jusqu'à Buchez, *élargirent* l'idée de la révélation, regardant comme une manifestation *providentielle*, non-seulement la religion de Jésus, mais encore le brahmanisme, le culte de Boudha, le magisme, etc. Sous la terminologie semblable, je vois bien la divergence des deux écoles. Pour rester orthodoxe, le

1. Rivarol : De la *Philosophie moderne*, brochure in-8. Paris, an VII. Voir du même auteur : *Lettres à Necker sur l'importance des opinions religieuses;* et le judicieux article de Rœderer sur le premier de ces ouvrages, dans la *Décade philosophique*, an VII, n° 36; et an VIII, n° 1 et 4.

néo-catholique est tenu de conserver au mot *révélation*, quand il l'applique au Christianisme, sa signification antique et spéciale. Mais ce qui frappe le gros public, et l'égare, c'est la similitude des termes...

D'où l'équivoque :

On reprend, à l'usage des écoles du progrès, les théories de Bossuet sur le plan de Dieu ;

On passionne (ce qui est la fausser) l'observation des faits et des hommes ;

On joue sur les termes : Dieu, religion, révélation, culte, église, christianisme, catholicité ;

On entre dans les conseils du Très-Haut ; on lui prête des desseins et des agents ;

On ressemble au naturaliste qui, derrière les causes secondes ou conditions, chercherait la cause première d'une vie donnée. Telle enquête aboutit à expliquer, par « sa vertu dormitive, » la propriété narcotique de l'opium.

Repoussées des sciences du monde et de la vie, pareilles explications prévalaient, aux beaux jours de Simplice, dans l'histoire et dans les sciences morales.

Je ne pouvais qu'indiquer les nuages qui obscurcirent son esprit.

Le débat des doctrines qui le partagent est d'ailleurs entre l'équivoque d'un panthéisme plus ou moins néo-chrétien, d'une part, et de l'autre, le positivisme d'Auguste Comte (page 18) et le criticisme de Kant (page 16), développé depuis par l'analyse si profonde de M. Charles Renouvier[1].

Ces deux théories concluent contre le panthéisme, la première au nom de l'expérience, la seconde au nom de l'idéalisme logique. Reste comme pure hypothèse sur

1. *Essais de critique générale,* par M. Charles Renouvier. Paris, Ladrange, etc.

l'Absolu, le système polythéiste de Leibnitz (pages 20-23[1]).

1. La théorie de la monade éternelle est polythéiste.

Voir sur cette question, outre les écrits de M. Louis Ménard et d'Emile Lamé, les *Essais de critique générale*, deuxième essai, troisième partie, § XXV.

« L'immortalité, dit M. Renouvier, est la grande foi morale du polythéisme. Aussi a-t-on vu les croyances... de l'antiquité devancer les autres sous ce rapport. C'est que l'adoration d'une divinité jalouse ne posait point pour elles un principe de concentration et d'absorption de l'être, d'où le sentiment religieux et l'esprit spéculatif pussent déduire le néant fondamental de toute autre vie. L immortalité naturelle des personnes, l'existence dès lors très-admissible de personnes supérieures et célestes, dont l'ordre de dépendance n'est point rigoureusement déterminé, telles sont donc les thèses religieuses du polythéisme. Par là même, tout système de croyances qui peut porter ce nom se trouve caractérisé dans son opposition avec les religions absolutistes et monarchiques, et par sa disposition innée à envisager le monde comme une république des êtres. »

NOTE II

(Voir Chant VI, page 93.)

Il ne faudrait pas juger sur ce premier *specimen* le genre neuf tenté par Simplice.

Toutefois mon héros a raison de croire que la Foi moderne peut, comme la religion d'Homère et celle de Dante, inspirer la Poésie et l'Art.

La Science est un dogme embrassant, comme le dogme théologique, les rapports de l'homme avec le milieu qui l'entoure et le domine de sa formidable Inconnue. Dans cet état intellectuel, munie désormais de la notion de l'Infini, la Raison renonce à trouver la Cause. Mais en ses [enquêtes du Phénomène, nulle limite n'est

fixée à ses audaces. Où l'Expérience est en défa
l'Hypothèse, comme l'hippogriffe d'Arioste, offre
ailes...

Métaphysique ou poétique, l'Imagination est en
sens plus qu'un véhicule, elle est une forme de
Raison.

Aristote et Platon, Spinoza et Leibnitz sont les frè
intellectuels des Lucrèce, des Dante et des Goëthe.

Saint Thomas hiérarchise les anges : le chantre
Paradis décrit la splendeur de leurs *plumes* avec la pr
cision du naturaliste.

La Grèce, — elle, — construit le Centaure, — la Bê
humanisée.

Quelle vie dans les monstres que combinent ses poëte
et ses sculpteurs, — le Fleuve Achelous, par exemple !

. . . . . . ἀνδρείῳ κύτει

Βούπρορος · ἐκ δὲ δασκίου γενειάδος

Κρουνοὶ διεῤῥαίνοντο κρηναίου ποτοῦ [1]...

La poésie catholique attache à l'homme les ailes de l'oiseau.

. . . .

Ecco l'Angel di Dio : piega le mani :
Omai vedrai di si fatti uficiali.

Vedi che sdegna gli argomenti umani,
Si che remo non vuol, nè altro velo
Che l'ali sue, tra liti si lontani.

1. Littéralement.

... ayant dans un corps viril
La *proue* d'un bœuf : de sa barbe touffue
Coulaient les fontaines d'une eau de source.
(Sophocl., *Trachiniennes*, v. 12-15.)

Vedi come l'ha dritte verso 'l cielo,
Trattando l'aere con l'eterne penne,
Che non si mutan come mortal pelo.

Poi come più e più verso noi venne
L'uccel divino, più chiaro appariva;
Perchè l'occhio da presso nol sostenne... [1]

Darwin aidant, que chanteront nos poëtes, quel sera leur songe d'immortalité ? Quelles figures idéales incarneront-ils en des images exactes, puissantes, colorées comme celles de leurs devanciers ?

1. ..... Voilà l'Ange de Dieu! Joins les mains! De tels ministres tu verras désormais.

Vois, il dédaigne les instruments humains; il ne veut d'autre rame, d'autre voile que ses ailes pour parcourir ces lointains rivages;

Vois comme il les dresse vers le ciel, frappant l'air des pennes éternelles, qui ne changent point comme un poil mortel.

Plus et plus de nous s'approchait l'oiseau divin, plus brillant il apparaissait; de sorte que l'œil ne pouvait de près en soutenir l'éclat...

(Dante, *Div. Com.* Purgat. c. II, st. 10-14 : trad. Lamennais.)

L'Utopie ultra-vitale, — si je puis ainsi parler, — aura-t-elle désormais, comme dans le passé, son expression souveraine par la Plastique et par la Poésie ? Ou la Musique, le grand art de ce siècle, qui traduit avec une intensité supérieure, parce qu'elle est indéfinie, des aspirations nécessairement toujours plus vagues, la Musique restera-t-elle la forme suprême de l'art ?

Représentant la réalité visible à l'aide des lignes et des couleurs, la Plastique (Architecture, Sculpture, Peinture) a dans son langage spécial des ressources supérieures pour fixer en types les tableaux de l'Univers, les grands traits de l'existence humaine. Mais n'exprimant que par la Forme ces spectacles, elle échoue presque totalement à rendre la complexité des sentiments sans limite que la Musique a pour mission d'exprimer.

Entre la langue plastique qui formule plus nettement qu'aucune autre un petit nombre d'idées particulières, et, tout au plus, par le symbole, quelques généralités, et la langue musicale, qui, impuissante à rien spécifier, traduit avec une suprême éloquence ces vagues synthèses du sentiment où la vie s'affirme par la douleur et par la joie, la langue littéraire exprime directement, pleinement les idées. Elle est à la fois pittoresque et synthétique; — sous le premier rapport, plus vague que la plastique ; sous le second, moins générale que la musique. Mais, dynamique comme l'une, statique comme l'autre, la poésie est le sommet du verbe humain, la Raison elle-même ou le *Logos*.

Toute grande œuvre de raison est œuvre d'art : toute grande œuvre d'art est œuvre de raison. Le *Discours sur la méthode* et l'*Iliade* offrent ce double caractère. Car il n'y a qu'une *logique* ordonnant selon des lois inflexibles, la chaîne serrée des arguments, le rapport exact des images.

Ainsi se confondent à leur base la Science et l'Art.

Équation du Verbe et de la Raison, la Poésie, cette chose ailée, est une algèbre. Qui médite Dante, Goëthe, admire la rigueur autant que l'éclat de leurs formules.

Est-ce donc qu'aucune différence essentielle ne sépare l'art de la science ? La faculté poétique est-elle la même que la faculté philosophique ? Évidemment non. Poussant d'un tronc commun, ces deux branches de l'esprit se développent distinctes d'organes et de procédé.

Le tronc commun c'est le génie intuitif, caractère des hommes voués au travail théorique et aussi nécessaire au véritable artiste qu'au vrai savant.

Dans un passage des *Soirées de Saint-Pétersbourg*[1], Joseph de Maistre oppose le savant moderne perdu dans le détail analytique au penseur primitif devinant, par une intuition de prophète, les secrets de l'univers. Pythagore

1. J. De Maistre, *les Soirées de Saint-Pétersbourg*, 2e entretien.

entrevit ainsi, mais ne put démontrer le vrai système du monde. L'intuition a seule de ces éclairs, qui l'heure venue allumeront le foyer de l'observation et de l'analyse [1].

Malgré l'exagération qui le défigure, le parallèle de Joseph de Maistre met à jour le caractère des hautes spéculations de l'esprit [2]. Le penseur catholique est un

1. Dante semble deviner la gravitation dans une stance de son *Enfer* (chant XXXIV, st. 37.)

. . . . tu passasti il punto
Al qual si traggon d' ogni parte i pesi.

2. Voici ce passage remarquable :

« L'Asie..., ayant été le théâtre des plus grandes merveilles, il n'est » pas étonnant que ses peuples aient conservé un penchant pour le » merveilleux, plus fort que celui qui est naturel à l'homme en géné- » ral, et que chacun peut reconnaître dans lui-même. De là vient » qu'ils ont toujours montré si peu de goût et de talent pour nos » sciences de *conclusions*. On dirait qu'ils se rappellent encore la » science primitive et l'ère de l'*intuition*. L'aigle enchaîné demande-t- » il une *montgolfière* pour s'élever dans les airs? Non, il demande » seulement que ses liens soient rompus. Et qui sait si ces peuples ne » sont pas destinés encore à contempler des spectacles qui seront re- » fusés au génie ergoteur de l'Europe? Quoi qu'il en soit, observez, je » vous prie, qu'il est impossible de songer à la science moderne sans » la voir constamment environnée de toutes les machines de l'esprit observateur *à rebours* dont il ne faut souvent que retourner la lunette. Il aperçoit cette fois très-nettement l'écueil d'un savoir, qui, livré à des recherches philosophiquement inférieures, perdrait de vue toute idée d'ensemble, toute enquête du Vrai pour lui-même. Heureusement les philosophes n'ont pas manqué à la science moderne,

» et de toutes les méthodes de l'art. Sous l'habit étriqué du nord, la
» tête perdue dans les volutes d'une chevelure menteuse, les bras
» chargés de livres et d'instruments de toute espèce, pâle de veilles et
» de travaux, elle se traîne souillée d'encre et toute pantelante sur la
» route de la vérité, baissant toujours vers la terre son front sillonné
» d'algèbre! Rien de semblable dans la haute antiquité. Autant qu'il
» nous est possible d'apercevoir la science des temps primitifs à une
» si énorme distance, on la voit toujours libre et isolée, volant plus
» qu'elle ne marche, et présentant dans toute sa personne quelque
» chose d'aérien et de surnaturel. Elle livre au vent des cheveux qui
» s'échappent d'une *mitre* orientale; l'*éphod* couvre son sein soulevé
» par l'inspiration; elle ne regarde que le ciel; et son pied dédaigneux
» semble ne toucher la terre que pour la quitter. Cependant, quoi-
» qu'elle n'ait jamais rien demandé à personne et qu'on ne lui connaisse
» aucun appui humain, il n'est pas moins prouvé qu'elle a possédé
» les plus rares connaissances : c'est une grande preuve, si vous y
» songez bien, que la science antique avait été dispensée du travail
» imposé à la nôtre, et que tous les calculs que nous établissons sur

depuis Kepler révélant la Loi dans le cours elliptique de l'astre, jusqu'à Lavoisier qui la signale dans l'atome chimique, Bichat dans le tissu vivant, Comte dans l'humanité progressive. Grâce à ces travaux, la pratique enfante ses merveilles : l'application industrielle réalise en bien-

» l'expérience moderne sont ce qu'il est possible d'imaginer de plus » faux. »

On voit aisément où de Maistre en veut venir, et que l'expérience et l'observation demeurent les bases inattaquables du savoir positif élevé sur les ruines d'un édifice que le sophisme ne saurait protéger. Mais dans le sophisme du théoricien de la catholicité féodale il y a pourtant pour un esprit impartial une part de vrai, une juste appréciation de la valeur de l'intuition, même réduite à ses seules forces, puisqu'elle est alors le point de départ obligé de toute déduction analytique.

« Toujours et partout, dit excellemment M. Littré, l'imagination a » une part nécessaire, et l'on se méprendrait sur la constitution même » de l'esprit humain, dont elle constitue un élément essentiel, si on la » supposait jamais absente. Dans les sciences mêmes les plus positives » du temps présent, elle joue son rôle que rien ne peut remplacer et » sans lequel la généralité scientifique ne pourrait se produire. Qu'est-» ce présentement que les théories qui nous satisfont le plus, sinon des » créations de l'imagination établissant des manières d'être, en tout ce » qui est reculé loin de nos yeux, en ce qu'aucune démonstration n'at-» teindra jamais? Qu'est-ce que l'attraction, et qui sait ou saura

faits, la politique doit formuler en institutions les découvertes des grands théoriciens.

Mère de la science, l'Intuition est de même la source de la grande poésie.

Entre ces deux champs d'activité se partagent quelques esprit de premier ordre. Au don essentiel qui les distingue également, — savants et artistes, — les premiers joignent l'analyse patiente, sévère, héroïque, les autres

» jamais si les corps s'attirent l'un l'autre? Qu'est-ce que les atomes
» de la chimie? Qui les a vus ou les verra jamais? Dans tous ces cas,
» quand l'observation et l'expérience ont fait défaut, et qu'il a fallu
» cependant combler la lacune, l'imagination est intervenue, mais
» soumise à une condition, c'est que ce qu'elle allait proposer ne serait
» en désaccord avec aucun des faits particuliers. Cela accepté, tout en-
» suite est mythe, dans le véritable sens du mot : une conception idéale,
» mais renfermant une vérité interne qu'on retrouve quand on veut et
» qui, ici, est le résultat général de l'expérience coordonnée scientifi-
» quement. » (*Vie de Jésus*, par Strauss; trad. de M. Littré; Introd. tom. II; 1re partie, pag. 22 et 23.)

la faculté d'expression cultivée avec la passion jalouse, le scrupule de l'amant du beau.

L'étude physiologique du cerveau montre chez le penseur et chez l'artiste la prédominance de l'organe qui caractérise sa fonction spéciale. Mais la faculté d'expression qui signale le poëte, par exemple, serait ou stérile, ou bien pauvre en résultats, si elle n'était au service de facultés plus hautes, qu'il possède en commun avec le savant.

Aussi tous les grands poëtes, dont le nom résume une époque, s'assimilèrent-ils, au moins, les résultats du savoir de leur temps. Lucrèce est encyclopédique comme Dante, et Homère a mérité le nom de théologien du polythéisme.

Devant cette tradition glorieuse, que deviennent la théorie de l'art pour l'art et cette incompatibilité prétendue entre le point de vue scientifique et le point de vue littéraire... ? Destinée à propager les vérités acquises, la littérature est tenue d'y conformer préalablement son symbole.

Non qu'au lieu de narrer, de peindre ou de passionner, l'art, sous ses formes diverses, doive se faire apôtre, prouver le progrès par un torse, formuler en roman ou en symphonie la synthèse de l'avenir... ! Mais imbu des pensées, intéressé par les problèmes, au courant des solutions de son temps, le poëte, l'artiste les traduisent comme à leur insu.

Que la littérature, par exemple, s'obstine dans le culte des formes, dans la reproduction des idées mortes, elle meurt dans les raffinements de la décrépitude. Ainsi les lettrés de la décadence romaine sacrifiaient aux grâces vieillottes d'un Olympe déchu, quand le dogme catholique et l'invasion barbare épandaient sur l'Europe, avec le germe des langues modernes, la semence d'une poésie, d'un art nouveaux.

On ne peut qu'indiquer ici ce rapprochement qui demanderait une longue étude. Mais, au point de vu littéraire comme à bien d'autres égards, notre époque, étrangement imprégnée d'un christianisme vague et r trospectif, rappelle un autre temps aussi fécond qu'el et plus troublé. Aujourd'hui comme alors, le verbe d doctrines nouvelles balbutie à côté des échos affaiblis croyances déchues invétérées en manies.

Par une réaction nécessaire contre ces tendances art ficielles et décrépites, en l'absence d'une foi qui féconde, l'esprit d'indépendance se produit dans la litt rature par l'immoralité. Où l'idéal fait défaut, le capric la fantaisie maladive inspirent l'écrivain. Sur cette pen glissante la culture des bas instincts devient un moye de succès. Par une corrélation nécessaire, où manque les idées générales s'étiolent les généreux sentiments.

Et pourtant, devant l'œuvre de nos jours : — *L sciences positives réédifiant la philosophie qui systématiser la politique*, — devant ce travail de synthèse et de ré génération, quel avenir s'ouvre à l'art, aux lettres !

De cette ère qui commence, comme l'ère monothéiste et chrétienne, par l'avénement des classes souffrantes, la fusion des traditions, des races, la corruption et le mélange des langues, — nous n'entendrons pas la grande Muse..... Que d'essais annoncèrent celle du moyen âge : les légendes dorées, les chansons de geste... ! L'épopée de la foi démontrable se produira sans doute quand les croyances qu'elle doit célébrer seront assises dans les mœurs. Telles se dressent gigantesques sur l'efflorescence des littératures, les grandes œuvres qui résument, idéalisent une doctrine, un temps.

Mais le seul rôle des lettres n'est pas de nourrir la séve de ces œuvres maîtresses. Elles ont par elles-mêmes, indépendamment de leur but purement esthétique, une mission de vulgariser les grandes données du savoir. En elles-mêmes elles s'élèvent à la dignité scientifique par l'étude théorique de l'instrument qu'elles emploient. La

Critique n'est plus seulement un genre littéraire, mais une application directe de deux branches de la science sociale : la philologie et l'esthétique, au règlement du langage, au jugement des œuvres d'art.

Qu'elle prête aux savants, assoupli, précisé, le verbe qui propage, ou, comme Voltaire dans *Micromégas*, Fontenelle dans la *Pluralité des Mondes*, qu'elle répande avec intelligence les résultats acquis du savoir positif, ces « clartés de tout » nécessaires à tous,—forme inférieure, éminente pourtant de la Poésie, la Littérature est l'auxiliaire obligé de la Science. Médiatrice entre les théoriciens et la foule, expression commune des idées générales, organe universel des sentiments généreux, à la foule elle traduit ces idées, à l'élite savante elle transmet ces sentiments, lumière par les sommets, chaleur par les profondeurs où elle touche.

LUCRÈCE ET L'INFINI

Omne quod est igitur nulla regione viarum
Finitum est. Namque extremum debebat habere;
Extremum porro nullius posse videtur
Esse, nisi ultra sit quod finiat, ut videatur.
Quo non longius hæc sensus natura sequatur.
Nunc extra summam quoniam nihil esse fatendum est,
Non habet extremum. Caret ergo fine modoque;
Nec refert quibus assistas regionibus ejus :
Usque adeo quem quisque locum possidet, in omnes
Tantundem partes infinitum omne relinquit.

Preterea, si jam finitum constituatur
Omne quod est spatium, si quis procurrat ad oras
Ultimus extremas, jaciatque volatile telum;
Id validis utrum contortum viribus ire,
Quo fuerit missum, mavis, longeque volare ;

An prohibere aliquid censes obstareque posse?
Alterutrum fatearis enim sumasque necesse est :
Quorum utrumque tibi effugium præcludit, et omne
Cogit ut exempta concedas fine patere.
Nam sive est aliquid quod, prohibeat, officiatque
Quo minu' quo missum est veniat, finique locet se,
Sive foras fertur : non est ea fini' profecto.
Hoc pacto sequar, atque oras ubicunque locaris
Extremas, quæram quid telo denique fiat.
Fiet, uti nusquam possit consistere finis,
Effugiumque fugæ prolatet copia semper.

(*De Natura rerum*, lib. I, v. 957-983.)

Tout ce qui est ne trouve nulle part aucune fin. Autrement il aurait une extrémité. Mais nul ne peut avoir une extrémité, s'il n'y a pas hors de lui un autre être qui le termine, de sorte que notre vue ne puisse se porter plus loin sur le premier être. Aussi, comme en dehors du tout il faut reconnaître qu'il n'y a rien, tu avoueras que le Tout n'a point d'extrémité. Confins et limites lui font défaut. Peu importe en quelle région tu te places. Quel que soit le lieu que l'on occupe, partout on a devant soi l'Infini.

En outre, si tout ce qui est espace était fini, et que, parvenu à l'extrémité, on lançât un trait rapide, il faudrait ou que ce trait projeté avec force suivît sa direction et volât au loin, ou qu'un obstacle extérieur l'en empêchât? Une de ces conséquences est nécessaire; choisis l'une ou l'autre. Mais l'une et l'autre t'enlèvent tout refuge et te forcent à accorder que l'univers est sans limite. Soit qu'un obstacle arrête le trait, l'empêche d'arriver où il tend, et s'oppose à lui comme fin, soit qu'il aille au delà, dans les deux cas ce trait n'a pas trouvé d'extrémité. Où que tu veuilles établir des limites, je te suivrai, je te demanderai où va ta flèche. Elle ira, sans pouvoir jamais trouver de bornes, l'univers s'ouvrira éternellement devant elle.

NOTE III

(Voir Chant IV, page 93.)

A quelle hypothèse ne se guinde pas l'imagination moderne, quand elle tente d'approprier aux données du savoir positif le dogme de l'immortalité de l'âme ?

D'abord, elle élimine cette notion même de l'âme, pur esprit, dont la définition rigoureuse ne date que de Descartes.

Les superstitions d'une époque reflètent toujours les conceptions de la science contemporaine. Nos *spirites* considèrent l'âme, non plus comme une essence différente de la matière, mais comme la matière raffinée, sublimée.

On combine ce point de vue avec la théorie des monades, par exemple, pour affirmer que l'individualité vivante est impérissable.

C'est beaucoup tirer des prémisses... !

Nec superare queunt motus utique exitiales
Perpetuo, neque in æternum sepelire salutem [1].

L'éternité de la vie sous ses changeantes manifestations n'implique pas la perpétuité de l'existence, et, surtout, de la conscience individuelle.

Reste l'hypothèse de l'immortalité... *cellulaire !*

La combinaison des principes vivants qui, un jour,

1. Les mouvements destructifs ne peuvent vaincre perpétuellement : ils ne peuvent ensevelir éternellement la vie.

(Lucret., *De rerum naturâ*, lib. II, v. 569-570.)

constitua notre être, avec tous ses phénomènes de mouvement et de conscience, peut se renouveler autour de la portion de substance (cellule cérébrale) qui est le siége de la volonté. Ou, plutôt, dans cette théorie, cette cellule est la volonté elle-même, la pensée dirigeante, le foyer nerveux de la conscience, la Monade, le Moi éternel.

Un penseur de beaucoup de science et de beaucoup d'imagination tente de concilier ainsi les exigences de sa raison et de son mysticisme. — Il exposera quelque jour cette solution, sans cesser, fidèle à son principe, de la tenir pour une hypothèse de plus parmi les hypothèses sur l'autre vie.

Les Théories de l'immortalité de l'âme, ou plutôt de l'être humain, développées par Jean Reynaud et

M. Pierre Leroux répondent, — chacune, — à l'une de nos tendances.

Avec l'auteur de *Terre et Ciel*, on repaît le désir curieux de pérégriner. On va d'astre en astre sans arrêt définitif. — Au point de vue des *compensations* promises au juste méconnu, comment se justifie un système qui n'offre jamais une demeure stable et parfaite, mais seulement un *mieux* par rapport au séjour antérieur ?

Avec M. Pierre Leroux, on reste éternellement sur la terre. Après l'utopie des curieux et des voyageurs, c'est le rêve des casaniers !

Comment dénombrer tous ces systèmes d'immortalité (par *sublimation*, renaissance, transformation à l'instar des chrysalides ! etc., etc.), depuis la vie aromale de Fourier jusqu'à la théorie de M. Lambert !

Celle-ci n'est pas la moins curieuse.

Elle fait de l'existence éternelle une exception en faveur du génie et de la sainteté. Solution contraire à celle du Boudhisme qui voit dans le néant (*nirvana*) le degré suprême (réservé aux meilleurs) de l'ascension des êtres.

A tous autres égards, les songes de nos mystiques s'accordent avec les dogmes des religions hindoues, dont la métaphysique raffinée concevait, — il y a vingt-cinq siècles, — le *Natura non facit saltus* de Leibniz, et, au lieu de l'idée de la création, la notion du développement organique des êtres.

De ce point de vue, aux yeux de ces théologies et de ces métaphysiques, il n'y a pas, à proprement parler, pour l'homme, de sanctions dans une autre vie, mais

des degrés de développement successifs dont chacun es
en puissance dans une virtualité antérieure [1].

1. Nourri de science, le génie mystique de Jean Reynaud associe l
borieusement ces deux points de vue.

Ses travaux de Sisyphe en métaphysique offrent un essai de conc
liation entre le naturalisme panthéiste et le déisme.

« ... Il n'y a rien dans les circonstances de notre naissance q
» puisse nous obliger à nous humilier et à proclamer l'infériorité
» l'existence terrestre. Qui voudra comparer notre incarnation à cel
» de ces habitants de l'Océan, qui prennent vie sur quelque matiè
» abandonnée, séparée de tout être vivant et flottant dans les eau
» qui s'accroissent librement aux rayons du soleil sans avoir jama
» résidé dans un sein maternel, et qui, lorsque le phénomène de le
» formation corporelle est terminé, prennent place dans la demeu
» commune, parmi leurs pareils, sans avoir jamais eu ce que no
» nommons un père et une mère ; qui voudra, dis-je, faire d'un esp
» sérieux cette comparaison, reconnaîtra sans doute que ce n'est poi
» de notre côté qu'il y a désavantage. Ne plaçons donc point les inca
» nations spontanées, que les chrétiens ont imaginées dans leur p
» radis, au-dessus de ce monde non moins sublime d'incarnation a
» quel obéissent les âmes lorsqu'elles font apparition dans l'assembl
» humaine.

» Cette incarnation terrestre, considérée dans le secret des princip
» sur lesquels elle repose, est d'un mystère infini : elle dérive de c
» ordre inconnu par lequel la Providence tient unies en un seul fai
» ceau, et pour en composer comme une seule histoire, toutes ces de
» tinées individuelles qui, aperçues par nous hors de leur éternité,

» seulement dans un coin de l'univers, nous semblent désordonnées et » incohérentes comme les éléments du chaos. Il doit paraître évident à » tous les bons esprits qu'il y a dans le monde moral, jusque dans ses » moindres détails, comme dans le monde physique un plan préconçu, » et que l'idée du hasard n'est que l'invention d'une ignorance qui ne » se connaît même pas. Puisque rien ne saurait se faire dans l'univers » sans une raison suffisante qui en soit cause, il faut nécessairement » qu'il y ait quelque raison qui détermine l'âme, non-seulement à » prendre naissance sur la terre, mais à y prendre naissance dans le » sein de telle mère et par telle paternité. Il faut donc qu'il y ait un » rapport préexistant entre les parents et l'enfant nouveau-né qu'ils » mettent au monde; et comme les destinées sont diverses et indépen- » dantes, ce rapport ne peut se trouver ailleurs que dans une certaine » conformité, soit permanente, soit accidentelle, des âmes qui naissent » avec les âmes qui les produisent. Ainsi les existences se trouvent » liées sans cesser pour cela d'être libres. Ainsi nous sommes nous- » mêmes la cause de notre naissance, et c'est cependant notre famille » qui est la cause que nous sommes nés dans son sein et non pas dans » un autre : il y avait des lois naturelles qui nous portaient spontané- » ment vers elle, tandis que de son côté, par une attraction correspon- » dante, elle nous appelait elle-même. Ne nous considérons donc » point comme passifs dans ce fait capital de la naissance. . . . .

» . . . .

» . . . .

» .... Représentons-nous, si nous le pouvons, les trésors infinis d'un » esprit enrichi par les souvenirs d'une innombrable série d'existences, » entièrement différentes les unes des autres, et cependant admirable- » ment liées toutes ensemble par une continuelle dépendance? A cette » merveilleuse guirlande de métempsycoses, traversant l'univers avec » un fleuron dans chaque monde, ajoutons encore, si cette perspective

» nous semble digne de notre ambition, la perception lucide de l'in-
» fluence particulière de notre vie sur les changements ultérieurs de
» chacun des mondes que nous aurons successivement habités; agran-
» dissons notre vie tout en l'immortalisant, et marions noblement notre
» histoire avec l'histoire du ciel.... »

(*Encyclopédie nouvelle,* publiée sous la direction de MM. Pierre *Leroux et Jean Reynaud,* Paris, 1840. T. III, p. 614, col. 1 et 2 et p. 616, col. 1; article : *Ciel.*)

NOTE IV

(Voir Chant V, page 117.)

Le puissant génie d'Auguste Comte a nettement compris et formulé cette théorie du pouvoir si opposée aux *à priori* métaphysiques de J.-J. Rousseau et des écoles issues du *Contrat social*. Mais Saint-Simon avait entrevu, il posa clairement le problème des rapports sociaux et politiques.

De sa doctrine « deux interprétations divergentes pouvaient surgir, aussi légitimes l'une que l'autre. La démocratie, comme la théocratie, pouvaient développer, chacune dans le sens de son idéal, une partie de la formule saint-simonienne. Celle-ci, en effet, ne tena nul compte de la notion *à priori* du droit inviduel absolu, déduit la loi sociale de la seule observation de la série historique. Elle pose contradictoirement et essaye de résoudre harmoniquement l'opposition des deux termes : égalité, hiérarchie [1].

Qu'est-ce que l'égalité? Un absolu, comme certains l'assurent, un droit dont la revendication est éternelle, ou une tendance organique à l'équilibre des conditions? Qu'est-ce que la hiérarchie? Comme conséquence d'une subordination nécessaire, peu la nient. Mais, pour les uns, dans son expression légitime, elle se fonde uniquement sur l'élection, sur le constat des capacités par les

1. Ces deux termes s'opposent dans l'histoire comme dans l'observation *à priori*.

Dans l'antiquité : La Perse et la Grèce ; — Memphis et Athènes, etc.

Au moyen âge le principe catholico-féodal et l'idée communale : pape, empereur, rois, seigneurs, prélats, et républiques d'Italie et de Flandre, hérésies démocratiques et populaires, etc., etc.

Aux genoux du baron féodal, l'inventeur de la lettre de change, le Juif, baron de l'avenir!

majorités, elle est le produit de la liberté humaine. Pour les autres, elle s'impose de haut, du fait du plus fort ou du plus digne: c'est tout un pour eux. A leurs yeux, quel que soit le progrès des societés, elles n'échapperont jamais aux fatalités organiques qui font le faible et le fort. Il faut que le gouvernement des cités industrielles de l'avenir se modèle sur l'antique assiette des sociétés militaires du passé. Ou plutôt la nécessité des choses veut que le pouvoir, qui fut d'abord à la vigueur musculaire, qui passa depuis à la vaillance, au prestige des ancêtres, à la possession du sol, appartienne enfin sans partage aux puissances de la commandite et du crédit.

Saint-Simon, — croyons-nous, — a, sous ce rapport, très-profondément déduit les conditions de l'existence sociale. Par la conciliation des contraires, il cherche à résoudre un problème que ses successeurs des écoles égalitaire et théocratique tranchent en des sens opposés. Constatant la nécessité de la hiérarchie, il reconnaît pourtant que l'égalité est le but, l'idéal poursuivi par les socié-tés en travail. Originairement fondée sur la force brutale l'autorité, d'abord militaire, devient industrielle, c'est-à-dire arrive graduellement à n'être que l'expression de l'ordre par la division hiérarchique des fonctions productives.

Cette évolution fut signalée par une de ces crises qui accélèrent souvent le progrès des sociétés, et que Saint-Simon observa de près, avec une sagacité remarquable. Il décrit très-nettement la situation respective des sentiments, des puissances et des doctrines du passé en présence des instincts, des forces et des idées de l'avenir qu'il prétend réconcilier avec l'Ordre transformé par le Progrès.

Que montre-t-il en effet s'opposant au pacte que, depuis la Réforme, le catholicisme a souscrit avec les pouvoirs temporels du moyen âge [1] ?

1. *Œuv. chois.* de Saint-Simon, t. III, p. 341 ; Bruxelles, 1859.

La Révolution. « Une révolution, dit-il, n'est autre chose que le désir exalté des classes inférieures pour l'établissement de l'égalité. — Les révolutions sont des maux affreux, et en même temps des maux inévitables. Les grands progrès de l'esprit humain sont le résultat de grandes crises ; et ces progrès en préparent de nouvelles. Le peuple s'est toujours insurgé ; il s'insurgera toujours, quand il cessera d'y avoir proportion entre les lumières et le pouvoir des gouvernants, d'une part, et, d'une autre part, entre l'ignorance et la dépendance des gouvernés... Le résultat d'une révolution est de diminuer l'inégalité qui régnait entre les différentes classes de la société. — Les hommes qui ont joué un rôle actif dans une révolution, et qui ne peuvent ensuite calmer leur exaltation pour l'idée d'égalité, sont fort malheureux [1].

« Ce sont là des vues de génie dirigées par un sens

1. *Ibid.*, t. I, p. 210.

profond des conditions pratiques de l'ordre. On ne saurait rendre Saint-Simon responsable des erreurs de l'école théocratique, qui ne s'inspira de sa pensée que pour la compromettre, en essayant d'asseoir la société sur le seul principe hiérarchique, exclusif, sans contre-poids[1]. »

Il appartient au Positivisme de résoudre cette antinomie entre les deux sources du pouvoir :

D'un côté la Force (puissance militaire, puis industrielle — autorité de la Science);

D'un autre côté le Droit, la Démocratie s'affirmant légitimement par les majorités ;

D'une part le Capital, le Savoir accumulés, s'imposant, le premier par la Commandite, forme nouvelle du commandement, le second, par la Démonstration ou par la Confiance acquise ;

1. *Saint-Simon, sa doctrine et son influence : Revue germanique et française ;* 1er janvier 1864, pag. 62-64.

D'autre part les forces du Travail, nécessairement subordonnées à la prépondérance temporelle du Capital, à la prépondérance spirituelle du Savoir, mais dont la subordination résultant de plus en plus d'un *consentement* éclairé tend à devenir une ASSOCIATION.

Ce qui reste des rêves métaphysiques et sociaux rapidement indiqués ici, c'est un profond sentiment de la solidarité humaine.

Ce sentiment n'émeut plus seulement une élite, il remue la foule qui fait et défait les religions.

C'est là le signe de nos temps, — ce qui les distingue du passé.

Pascal[1], d'ailleurs, comparait déjà les périodes historiques aux âges d'un homme.

Le don Juan de Molière fait l'aumône « au nom de l'humanité. »

1. Voir *Préface*, pag. V.

Il n'est pas jusqu'à l'utopie *égalitaire* qui n'ait tro sous Louis XIV, ses champions.

Nos socialistes *les plus avancées* ne désavoueraient ce programme, daté du XVIIe siècle.

« Les femmes ne sont pas moins capables que » hommes des emplois de la société.

» Elles sont capables d'enseigner.

» Elles sont capables des dignités ecclésiastiques.

» Elles peuvent avoir l'autorité.

» Elles sont capables des charges de la judicature.

» Elles peuvent être *générales* d'armée.

. . . .

» Je ne serais pas plus surpris de voir une femme
» casque en tête, que de lui voir une couronne; prési
» dans un conseil de guerre comme dans celui d'un Ét
» exercer elle-même ses soldats, ranger une armée

» bataille, la partager en plusieurs corps, comme elle
» se divertirait à le voir faire. L'art militaire n'a rien
» par-dessus les autres, dont les femmes sont capables,
» sinon qu'il est plus rude et qu'il fait plus de bruit et
» plus de mal. Les yeux suffisent pour apprendre dans
» une carte un peu exacte toutes les routes d'un pays,
» les bons et les mauvais passages, les endroits les plus
» propres aux surprises et aux campements. Il n'y a
» guère de soldats qui ne sachent bien qu'il faut occu-
» per les défilés avant que d'y engager ses troupes, ré-
» gler toutes ses entreprises sur les avis certains de bons
» espions, tromper même son armée par des ruses et
» des contre-marches pour mieux cacher son dessein.
» Une femme peut cela, et inventer des stratagèmes
» pour surprendre l'ennemi, lui mettre le vent, la pous-
» sière, le soleil en face, et l'attaquant d'un côté, le faire
» envelopper l'autre, lui donner de fausses alarmes,
» l'attirer dans une embuscade par une fuite simulée,

» livrer une bataille, et monter la première à la brèch
» pour encourager ses soldats. La persuasion et l
» passion font tout, et les femmes ne témoignent pa
» moins d'ardeur et de résolution lorsqu'il y va de l'hon
» neur, qu'il n'en faut pour attaquer et pour défendr
» une place [1]. »

1. De l'égalité des deux sexes, *discours physique et moral où l'o voit l'importance de se défaire des préjugés. — A Paris, chez Jean Du bois, rue Saint-Jacques, à la Couronne d'or,* MDCLXXVI, avec privi lége du Roy.

Cet opuscule anonyme a pour auteurs François Poullain de l Barre et Frelin. (*Dict. de Barbier.*)

NOTE V

(Voir page 161.)

Le but à atteindre dans cette expérience la purifie aux yeux du sage.

La Science a ses priviléges comme la Charité dont parle si magnifiquement saint Paul.

Si « elle ne croit pas tout, » comme celle-ci, « elle endure tout, » comme elle [1].

La Science, elle-même, n'est-elle pas la Charité,

1. Saint Paul, 1re Ep. aux Corinth., chap. XIII, v. 7.

le grand instrument de pacification et d'harmon

Quelles découvertes, quelles améliorations du globe de l'homme ne réaliserait pas un budget européen de Science distrait des milliards affectés à l'entr'égorgem des Européens !

NOTE VI

NÉPHÉLOCOCCYGIE (*)

(Aristoph., *Oiseaux*, vers 993-998.)

MÉTON

Je viens chez vous....

PISTHÉTÆROS

Autre peste que celui-là ! Que viens-tu faire ? Quel est ton plan?...

(*) Voir l'Épilogue, page 168.

MÉTON

Toiser l'air, et vous le partager en rues[1]...

Quelle profondeur dans cette critique, et qu'elle e
encore applicable !

La race des Métons n'est pas éteinte.

« On rapporte que le géomètre Maupertuis, tranquill

1. ΜΕΤΩΝ

Ἥκω παρ' ὑμᾶς...

ΠΕΙΣΘΕΤΑΙΡΟΣ

Ἕτερον αὖ τουτὶ κακόν.
Τί δ' αὖ σὺ δράσων; τίς δ' ἰδέα βουλήματος;

. . . .

ΜΕΤΩΝ

Γεωμετρῆσαι βούλομαι τὸν ἀέρα
Ὑμῖν, διελεῖν τε κατὰ γύας...

» ment et nonchalamment assis au coin de son feu, » disait : *Je voudrais bien résoudre un beau problème, et » qui ne me donnât pas beaucoup de peine !*... Telle est la » disposition d esprit dominante chez les spiritualistes. » Ils ne veulent pas encore comprendre aujourd'hui que » ces études morales et sociales dont ils prétendent con- » server indéfiniment le monopole, exigent un triple » préambule relatif au milieu cosmique, au milieu ter- » restre, et à l'organisation de l'homme et des animaux; » que débuter par les spéculations les plus compliquées » et les plus subordonnées aux autres, c'est manquer » radicalement la solution du grand problème qu'ils se » proposent, c'est imiter ces architectes qui, dans les » *Voyages de Gulliver*, commencent la construction d'une » maison par le toit [1]. »

---

1. *Matérialisme et spiritualisme;* études de philosophie positive, par M. Alph. Leblais; Paris, Germer-Baillière, rue de l'École-de-Médecine, 17.

Comme le Mythe polythéiste se prêtait à la représentation symbolique des forces de la Nature ! Aristophane doit beaucoup à cet égard à sa religion. Avec quel charme il allie le *paysage* au drame, la *féerie* à l'exposition, à la satire des doctrines, des faits, des institutions et des mœurs.

(Aristoph., *Nuées*, 275-291 ; 314-319.)

« Immortelles Nuées
Dont l'éclat resplendit,
Répandant les rosées,

Du sein de notre père Océan, qui rugit,
Montons sur les sommets des montagnes boisées;
Des horizons lointains contemplons les contours,
Et la Terre Nourrice, et le Fleuve au long cours,
Et la Mer, qui mugit sa complainte éternelle.

Au profond éther,
Sans trêve, étincelle
Des cieux l'Œil ouvert.

Dépouillant nos brouillards, découvrons à la Terre
A quels rayonnements notre beauté s'éclaire[1]. »

1. Ἀέναοι Νεφέλαι
Ἄρθῶμεν φανεραὶ,
Δροσερὰν φύσιν εὐάγητοι,

. . . .

. . . .

STRÉPSIADE

« Par Zeus, dis-moi, — je t'en prie, — ô Socrate, qui sont celles-ci qui viennent de déclamer si noblement ? Serait-ce des héroïnes ?

Πατρὸς ἀπ' Ὠκεανοῦ βαρυαχέος
Ὑψηλῶν ὀρέων κορυφὰς ἐπὶ
    Δενδροκόμους, ἵνα
Τηλεφανεῖς σκοπίας ἀφορώμεθα,
Καρπούς τ' ἀλδομέναν ἱερὰν χθόνα,
Καὶ ποταμῶν ζαθέων κελαδήματα,
Καὶ πόντον κελάδοντα βαρύβρομον.
    Ὄμμα γὰρ αἰθέρος ἀ-
    κάματον σελαγεῖται
    Μαρμαρέαισιν αὐγαῖς.
Ἀλλ' ἀποσεισάμεναι νέφος ὄμβριον
Ἀθανάταις ἰδέαις ἐπιδώμεθα
    Τηλεσκόπῳ ὄμματι γαῖαν.

SOCRATE

Non... Ce sont les Célestes Nuées, les grandes Déesses des hommes oisifs, qui nous dispensent la pensée, la parole et l'intellect, la subtilité, la verbosité, la sonorité, la perceptivité !![1] »

. . . .

. . . .

1. ΣΤΡΕΨΙΑΔΗΣ

Πρὸς τοῦ Διὸς, ἀντιβολῶ σε, φρασόν τίνες εἴσ' ὦ
Σώκρατες, αὗται,
Αἳ φθεγξάμεναι τοῦτο τὸ σεμνόν ; μῶν Ἡρῷναι τινές εἰσιν ;

ΣΩΚΡΑΤΗΣ

Ἥκιστ' ἀλλ' οὐράνιαι Νεφέλαι, μεγάλαι Θεαὶ ἀνδράσιν ἀργοῖς,
Αἵπερ γνώμην, καὶ διάλεξιν, καὶ νοῦν ἡμῖν παρέχουσι,
Καὶ τερατείαν, καὶ περίλεξιν, καὶ κροῦσιν, καὶ κατάληψιν

Peut-être en des circonstances favorables aux libertés de l'esprit, la verve parisienne, qui rappelle parfois le genie d'Athènes, réaliserait-elle ce *desideratum* de l'art moderne : *la Féerie philosophique?*

Je me rappelle à ce propos quelques farces jouées sur nos petits théâtres de 1848 à 1849 : *la Foire aux idées*, *la Propriété c'est le vol*, etc. Il y eut là, — semé, il est vrai, dans un sol bien inférieur, — des germes du genre neuf que nous rêvons.

L'esprit positif trouvera son symbole, c'est-à-dire, pour l'art, un *merveilleux* nouveau.

Je ne partage pas sur ce point l'avis d'un penseur, qui est un vrai poëte.

Au début de ses *Atellanes*, M. Hippolyte Stupuy « pose en fait qu'il n'a pas de luth, » qu'il ne veut pas en avoir,

« qu'aucun Dieu ne l'inspire, » qu'il n'a

Nulle auréole au front, nul trépied, point de vol
Et que *sa* tête enfin est à cinq pieds du sol.

« Regarder l'invisible, » c'est manquer, selon lui, à la règle du Positivisme[1]. »

1. Je dois citer *in extenso* ces beaux vers, lacérés pour les besoins de l'argumentation :

« D'abord je pose en fait — on peut avouer pire —
Que je n'ai pas de luth, qu'aucun dieu ne m'inspire;
Nulle auréole au front, nul trépied, point de vol,
Et que ma tête enfin est à cinq pieds du sol;
Que, si je le voulais, je pourrais, comme un autre,
Simuler l'Inspiré, contrefaire l'Apôtre;
Chanter, rêver, pleurer; rimer à grand fracas
Des choses qu'on admire et qu'on ne comprend pas;
Connaître l'inconnu, regarder l'invisible,
Et donner la raison de l'incompréhensible.
J'ai malheureusement l'esprit autrement fait :
La cause m'échappant, je m'en tiens à l'effet;
Je chemine humblement par les routes communes,
Sans chercher à savoir où vont les vieilles lunes... »

(L'*Anarchie morale*, Atellanes, par H. Stupuy.)

Pourquoi donc ?

Un des rôles de la Poésie semble être (qu'on me passe le mot) d'ajuster des *rallonges* à la table du Savoir.

Ce sont là les grands couverts de l'Imagination, rares — j'en conviens, — comme les Homère, les Virgile, les Dante, les Shakspeare et les Goëthe !

Mais ces lippées « de haulte graisse, » pourquoi s'en priver, quand on est capable de les préparer ou seulement de s'en repaître ?

Enchanteur éternel, que l'Art contemple, écoute, fixe, reproduise, diversifie par d'heureuses combinaisons (*centaures*, *ægipans*, *griffons*, *anges*), les milliards de voix, les milliards de formes vivantes :

Ἄγε δὴ φύσιν ἄνδρες ἀμαυρόβιοι, φύλλων γενεᾷ προσό-
[μοιοι,

Ὀλιγοδρανέες, πλάσματα πηλοῦ, σκιοειδέα φῦλ' ἀμε-
[νηνά,
Ἀπτῆνες ἀφήμέριοι, ταλαοὶ βροτοὶ, ἀνέρες εἰκελόνειροι,
Προσέχετε τὸν νοῦν τοῖς ἀθανάτοις ἡμῖν, τοῖς αἰὲν ἐοῦσι,
Τοῖς αἰθερίοις, τοῖσιν ἀγήρως τοῖς ἄφθιτα μηδομέ-
[νοισιν,
Ἵν' ἀκούσαντες πάντα παρ' ἡμῶν, ὀρθῶς περὶ τῶν με-
[τεώρων..... [1]

Triste mortel, pareil à la feuille légère,
Pétri dans le limon, sans force, ombre éphémère,
Qui, sans aile rampant, comme un songe apparais,
Des Oiseaux Immortels écoute les secrets.

1. Aristoph. *Av.*, v. 585-691.

ERRATUM

—

Page 61, vers 12e, au lieu de Descamps, lisez Decamps.

Page 69, au lieu de Zapeck, lisez Zapek.

Page 84, vers 3e, au lieu de :

Aux degrés parcourus d'une voie, on s'apprête...

Lisez :

Aux degrés parcourus d'une voie, où s'apprête...

TABLE DES MATIÈRES

FIN DE LA TABLE.

DU MÊME AUTEUR :

LA RENAISSANCE EN ITALIE

ZANZARA

2 volumes in-18

LIBRAIRIE INTERNATIONALE A. LACROIX, VERBOECKOVEN ET Cᵉ

LA QUESTION RELIGIEUSE

1 volume in-18

IMPRIMERIE L. TOINON ET Cᵉ, A SAINT-GERMAIN.

www.ingramcontent.com/pod-product-compliance
Ingram Content Group UK Ltd.
Pitfield, Milton Keynes, MK11 3LW, UK
UKHW021048220726
13924UKWH00005B/2054